ZHONGGUO DILI
BAIKE

中国地理百科

才林◎主编

江西美术出版社
全国百佳出版单位

图书在版编目（CIP）数据

中国地理百科 / 才林主编 . —— 南昌：江西美术出版社，2017.1（2021.11 重印）
（学生课外必读书系）
ISBN 978-7-5480-4930-2

Ⅰ.①中… Ⅱ.①才… Ⅲ.①地理—中国—少儿读物 Ⅳ.① K92-49

中国版本图书馆 CIP 数据核字（2016）第 258393 号

出品人：汤　华

责任编辑：刘　芳　廖　静　陈　军　刘霄汉

责任印制：谭　勋

书籍设计：韩　立　吴秀侠

江西美术出版社邮购部

联系人：熊　妮

电话：0791-86565703

QQ：3281768056

学生课外必读书系

中国地理百科　　才林　主编

出版：江西美术出版社

社址：南昌市子安路66号

邮编：330025

电话：0791-86566274

发行：010-58815874

印刷：北京市松源印刷有限公司

版次：2017年1月第1版　2021年11月第2版

印次：2021年11月第2次印刷

开本：680mm×930mm　1/16

印张：10

ISBN 978-7-5480-4930-2

定价：29.80元

　　中国是亚洲领土面积最大的国家，在这片神奇伟大的土地上，山河壮美，历史悠久，文化灿烂，自然资源极为丰富。从冰雪覆盖的喜马拉雅、莽莽昆仑，到波澜壮阔的深海大洋，从朔风凛冽的茫茫大漠、蓝天白云的万里草原，到锦绣江南的水乡雅韵、奇美幽邃的山川大泽，国土民风、环境资源、经济文化都各具特色，共同构成了我国的自然与人文景观。这众多的自然景观、文化遗迹、物产资源，共同组成了中国地理的全貌。

　　我们所处的多样而美丽的地理环境是中华民族赖以生存和发展的基础。祖国的繁荣昌盛要靠具有高水平文化素质的全体人民的共同努力，只有如此，国家才能更加文明进步，中华民族的复兴大业才能早日实现。地理教育同其他教育一样，是国民素质教育的重要组成部分，它能使接受教育的国民基本掌握中国乃至世界的地理与风土人情的知识，牢牢建立自然资源有限性与合

理利用和环境保护的意识。因此,《中国地理百科》的编辑出版,目的在于为全面提升全民族的文化素质提供一部好的科普读物,满足广大读者的需要。

　　《中国地理百科》为广大儿童打开了一扇了解中国地理的窗口,全面介绍了祖国各地的大好河山,将地貌、气候、历史文化等知识娓娓道来,并通过数百幅精美的图片,全景再现了中华大地的绚丽风光与历史文化底蕴,让地理知识变得鲜活,让小朋友们如身临其境般地感受黄山云海、庐山瀑布、西湖美景……纵览神州大地壮美的画卷,通观中国历史名胜的神奇景观。它致力于中国地理知识的传播,而不是高深的学术研究。小朋友们既可以系统阅读,也可以通过它查找资料。如果能使小朋友们感受到中国地理的无穷魅力,获得一些知识或启迪,那么,我们编辑此书的愿望也就得到了实现。来吧,让我们在美妙的彩色图文世界中,开始精彩的美丽旅行吧!

目录
CONTENTS

第二十一章

中原腹地——河南省

第二十二章

江淮胜地——安徽省

第二十三章

鱼米之乡——江苏省

第二十四章

东方明珠——上海市

Part1

第一章

中国地理概况

边界疆域

▶▶BIAN JIE JIANG YU

在地球这个美丽的蓝色星球上，有一个神奇的国度，她昂首站立于全球最大的陆地（亚欧大陆）上，她就是我们伟大的祖国——中国！

中国的疆域

如果说地球是一颗熠熠发光的宝石，那么中国绝对是这颗宝石上重要的一部分。

中国光陆地面积就有约960万平方千米，在世界各国中，仅次于俄罗斯、加拿大，居第三位，差不多同整个欧洲的面积相等。

中国的边界

中国就像一只引吭高歌的雄鸡，伸直脖颈儿，头顶黑龙江主航道中心线，脚踩南沙群岛中的曾母暗沙，身高约5500千米；鸡冠位于黑龙江与乌苏里江主航道中心线交汇处，尾翼向外伸展，直抵帕米尔高原东缘，身宽约5200千米。

陆地上的邻国

中国边境紧挨着许多国家，它们都是我们的邻国。中国陆地上的邻国总共有14个：东部邻国有朝鲜，北部邻国有蒙古、俄罗斯，西部邻国有哈萨克斯坦、吉尔吉斯斯坦、塔吉克斯坦、阿富汗和巴基斯坦，西南部邻国有印度、尼泊尔和不丹，南部邻国有缅甸、老挝和越南。

隔海相望的国家

渤海和琼州海峡是中国的内海，黄海、东海、南海则属于边缘海。日本、韩国、菲律宾、文莱、马来西亚、印度尼西亚6个国家与中国隔海相望。

地貌
▶▶▶ DI MAO

地貌，就是地球的"外貌"，也叫地形。地球像一位会变脸的魔法师，一会儿是广袤无垠的平原，一会儿是连绵纵横的丘陵，一会儿是突兀高起的高原，一会儿是猛然下陷的盆地……中国的地形多样，类型齐全，高原、山地、盆地、平原、丘陵等无所不有。地势西高东低，成三级阶梯，自西而东，逐级下降，向海洋倾斜。这种地形一方面有利于海洋上的湿润气流深入内地，形成降水；另一方面使我国许多大河滚滚东流，沟通了东西交通，方便了沿海和内地的经济联系。

富贵之乡——平原

如果说地球是个美丽的"大公园"，那么平原就是"大公园"里的绿草地。它景色优美，地势平坦，远远望去，真是一马平川，沃野千里！怪不得人们要用大量的赞美之词来形容它，比如东北平原被誉为"中华大粮仓"，长江中下游平原被称为"鱼米之乡"，成都平原被誉为"天府之国"，宁夏平原则有"塞上江南"的美名。

神奇聚宝盆——盆地

说到盆地——望不到边的巨大"低坑"，它就像一位伟大的母亲，温柔地揽住四处乱跑的调皮的"水孩子"，轻轻地哄着"水孩子"，让"水孩子"安心睡觉，同时使大地得到滋润，万物得以生存。塔里木盆地、准噶尔盆地、柴达木盆地和四川盆地就是这样神奇的地方。

山地

中国是个多山的国家，在陆地的表面，有许多蜿蜒起伏、巍峨奇特的高山，这些高山层峦叠嶂，群居在一起，形成一个山地大家族。喜马拉雅山、昆仑山、唐古拉山、天山、阿尔泰山都是著名的大山。生活在山地中的动物有雪豹、山地黑猩猩、老虎等。山地的规模也不同，按山的高度分，可分为极高山、高山、中山和低山。海拔在

5000 米以上的称为极高山，海拔在 3500 ~ 5000 米的称为高山，海拔在 1000 ~ 3500 米的称为中山，海拔低于 1000 米、高于 500 米的称为低山。

大地舞台——高原

我国著名的四大高原分别是青藏高原、黄土高原、云贵高原和内蒙古高原。高原的面积较大，顶面起伏较小，周边往往是比较陡峻的地区。放眼望去，高原昂然挺立，被人们形象地称为"大地舞台"。

丘陵

地表形态起伏和缓，海拔大致在 500 米以内，相对高度不超过 200 米，由连绵不断的低矮山丘组成的地形，叫作丘陵。中国自北至南主要有辽东丘陵、山东丘陵和东南丘陵等。其中东南丘陵还可分为江南丘陵、两广丘陵、浙闽丘陵等。

丘陵地区是人类依山傍水，进行农耕的重要栖息之地，也是果树林带丰产之地。

"不毛之地"——沙漠

沙漠是指地面完全被沙覆盖、植物非常稀少、雨水稀少、空气干燥的地区。中国西北干旱区是中国沙漠最为集中的地区，约占全国沙漠总面积的 80%，主要有塔克拉玛干沙漠、古尔班通古特沙漠、柴达木沙漠、腾格里沙漠等。其中塔克拉玛干沙漠是中国最大的沙漠，也是世界上著名的大沙漠之一。

沙漠并非真正的不毛之地，仔细观察，就会发现沙漠中藏着很多植物，也有许多动物，沙漠里有时会有可贵的矿床，近代也发现了很多石油储藏。沙漠气候干燥，它也是考古学家的乐土，在这里可以找到很多文物和很早的化石。

水中明珠——岛屿

岛屿是指四面环水并在涨潮时高于水面的自然形成的陆地区域，它们散处在海洋、河流或湖泊中，通常大的称"岛"，小的称"屿"，在狭小的地方集中两个以上的岛屿就叫岛屿群，大规模的岛屿群就叫群岛。

中国岛屿众多，岛屿面积大小相差很大，其中台湾岛最大，海南岛次之，崇明岛第三，这三个岛屿都是面积超过 1000 平方千米的大岛。

谷地

地理上的"谷地"是指两山或两块高地之间的夹道或水道，包括河谷和峡谷。峡谷是狭窄而深的谷地，两边一般很陡峭，纵切面看上去像英文字母"V"，一般是河流强烈下切形成的。雅鲁藏布大峡谷是世界最大的峡谷。

水系
▶▶ SHUIXI

水系是指河川流域内各种水体构成的水网系统。水系是一个相对的概念，多依照江河、湖泊等的支流和源流逐级形成的网状结构划分。以中国大陆的长江水系为例：长江及其水网构成的长江水系又可分为若干二级水系，其最大的二级水系为洞庭湖水系，由其一级支流湘江、沅水、资江、澧水及诸河组成。

中国四大水系

按照河流、湖泊的最终流向来划分，中国大致有四大水系：太平洋水系（也是主要水系，长江、黄河、淮河、珠江、海河、松花江、辽河七大水系及台湾的河流都属于太平洋水系）、印度洋水系（西南部部分区域，主要有雅鲁藏布江）、内陆独立水系（西部部分地区，主要有塔里木河）、北冰洋水系（西北部部分地区，主要有额尔齐斯河）。

中国南部、东部和北部的河流基本都是能直奔大海的，属于外流河。南方河流水流量大，水位随季节变化较小，汛期较长，含沙量小，没有结冰期；北方除黑龙江等少数河流以外，河水的流量小，水位随季节变化大，汛期较短，含沙量大，有结冰期。中国西北地区降雨量相对较少，气候干燥，这里的河流就显得有点儿"小气"了，因为它们没有多余的水用来赠送给大海，这就是内流河了。这样的河流，最典型的是塔里木河，它是中国最大的内流河。

长江

5

# 气候
>>> QIHOU

中国气候的特点

中国气候有三大特点：显著的季风特色、明显的大陆性气候和多样的气候类型。

1. 显著的季风特色

中国绝大多数地区属于季风性气候区，冬夏气温相差很大。冬季气温大多很低，而且越是往北，你见到大雪的机会就越多，尤其在黑龙江省的漠河，那里可真是"千里冰封，万里雪飘"哇！

相反，到了夏季，北半球获得太阳光热比较多，加上夏季盛行夏季风，中国大部分地区气温偏高，像吐鲁番、重庆、武汉这样的城市就享有"火炉"之称。

2. 明显的大陆性气候

中国的大陆性气候表现为：和世界同纬度的其他地区相比，中国冬季气温偏低，夏季气温偏高，气温年差较大，降水集中于夏季。

3. 多样的气候类型

我国的气候带由南向北依次是热带、亚热带、暖温带、中温带、寒温带。

# 自然资源
>>> ZIRAN ZIYUAN

地球是一个"大好人"，她无私地奉送给我们许多自然资源——风、水、土地、森林、煤、石油、铁矿、天然气……中国自然资源种类多，许多自然资源数量位居世界前列，向来有"地大物博"之说。不过中国人口也多，人均占有的资源就只一点点了，所以我们还是要节约资源。

深埋在地下的宝藏

什么？把宝藏埋在地底下？是的，你见过谁把金条、银条摆在大街上吗？把宝藏埋在地下，那才安全哪！"藏宝洞"的名称就是这么来的。中国的"藏宝洞"非常多，里面藏着很贵重的东西，比如煤、石油、铁矿、铜矿等，这些都是矿产资源，在我国不仅储量多、种类全，分布还很有规律。

紫水晶

地球的绿色保护神

地球的绿色保护神是谁？当然是森林资源！森林既可以防止水土流失，又可以美化环境，还是许多珍禽异兽的栖息地。

中国的森林资源主要集中在东北地区，这里是中国的主要天然林区；青藏高原南部也是长江上中游许多支流的森林涵养水源地；南方多山区，是森林的显著覆盖地，因为气候条件好，适合种植特色林木；华南的热带季雨林，西北的胡杨林、云杉林等林木资源是中国珍贵的森林资源。

胡杨林

丰富的海洋资源

你可千万别以为大海就是供人们观光、打鱼的，其实大海可以开发的资源很多，比如海水、生物、矿产、潮汐、旅游等，所以大海是一个无价之宝！

中国的自然海域面积约 470 万平方千米，属于中国管辖的海域大约有 300 万平方千米。所以说，中国还是个海洋资源丰富的国家呢！相信大海还能为我们作出更大贡献！

政区划分
ZHENGQU HUAFEN

政区是国家为了方便进行行政管理而分级划分的区域，中国现行的行政区划分如下：（一）全国分为省、自治区、直辖市；（二）省、自治区分为自治州、县、自治县、市；（三）县、自治县分为乡、民族乡、镇。直辖市和较大的市分为区、县。自治州分为县、自治县、市。

特别行政区"特"在哪儿

"特别"就是不一样的意思。中国有两个特别行政区——香港、澳门。国家对这两个行政区实行与大陆其他省市不一样的管理：

1.除在外交和国防方面服从中央政府外，拥有高度自治的行政管理权、立法权、独立的司法权和终审权。

2. 可以实行独立的财政预算，中央政府不征税。

3. 中央政府不干预特别行政区的内部事务。

4. 特别行政区人民的各种合法权益，以及外国人和侨胞在特别行政区内的私人投资，均予以法律保护。

什么是"盟""旗"

它们是内蒙古自治区一些行政区域的专用称谓。这是因为，内蒙古自治区和内陆多数省份从古时候起，就有着不同的政治、文化，所以对于不同级别的行政区域的称呼也不一样，这种差别一代又一代地传承下来，直到今天。

蒙古包

简单说来，内蒙古自治区的"旗"是县级行政区划，相当于县；"盟"是地级行政区划，相当于地区或地级市。

自治区是什么

自治，就是自己治理、管理自己。中国的自治区，指的是在国家规定的法律条文范围内，对某个区域进行自主的治理、管理。中国总共有5个自治区：内蒙古自治区、新疆维吾尔自治区、宁夏回族自治区、广西壮族自治区和西藏自治区。

这5个自治区在国家的统一领导下，以少数民族聚居的地方为基础，由少数民族同胞自己当家做主，管理本民族内部地方事务。民族自治区享有宪法、民族区域自治法和其他法律规定的民族自治权，这种制度称为"民族区域自治制度"，民族区域自治制度是中国的一项基本政治制度。

布达拉宫

Part2
第二章

首善之区——北京市

把北京市比喻为祖国的心脏，一点儿也不为过。北京市位于华北平原的北部，东部与天津相邻，其他地区均与河北相接，是全国政治、经济、文化中心，自古就有"天府""神京"之称。北京吸引世人目光的可不止这些，古迹遗址、民俗风情等应有尽有。

地形特征
DIXING TEZHENG

北京就像一颗闪亮的明珠，俏生生地镶嵌在广袤的华北大地上。它的西、北两面被两条青翠巍峨的山脉——太行山山脉、燕山山脉——包围，它们仿佛就是为了北京而存在的。两条山脉在南口附近形成了一个向东南展开的半圆形的小平原，小平原由许多"冲积扇"组成，北京城就位于永定河"冲积扇"上。假如从飞机上往下看，你一定会为北京惊人的地貌之美倾倒！

千古长城

长城，在中国的古代，肩负着抵御外敌的军事防御作用。北京市境内现存长城主要为明代所建，从东到西横跨平谷、密云、怀柔、延庆等六个区县，总长度约629千米。著名的景点有八达岭长城、慕田峪长城、司马台长城、箭扣长城、古北口长城等。

八达岭长城是现存明长城中保存最好的一段，位于北京市延庆县军都山关沟古道北口，是明长城的一个隘口。八达岭长城是明长城向游人开放最早的地段。八达岭长城景区以其宏伟的景观、完善的设施和深厚的文化历史内涵而著称于世。攀登八达岭长城，去找一找著名的"好汉石"吧。

万里长城

10

气候和资源

北京的气候属暖温带半湿润大陆性季风气候，四季分明，春秋短促，冬夏较长，年平均气温10℃～12℃，七月份最热，全年降水量约500毫米～700毫米，降水主要集中于夏季。北京的植被非常好，你去百花山、妙峰山、东灵山等地方看看就知道了。不仅如此，北京的矿产资源也很丰富，其中煤矿、铁矿还是"矿业老大哥"呢！文明之都北京还是一座水汽氤氲的城市。众多河流仿佛商量好的，从容不迫地自西北流向东南，又嘻嘻哈哈地汇聚到海河、蓟运河组成的大家庭。也有些河流贪玩，走着走着停下来，形成了大大小小的湖泊、水库。

北京兰

香山红叶

香山又叫静宜园，位于北京海淀区西郊，距市区约20千米，全园面积160公顷，因山中有巨石形如香炉而得名，是北京著名的森林公园。每到秋天，漫山遍野的黄栌树叶红得像火焰一般，霜后呈深紫红色。这些黄栌树是清代乾隆年间栽植的，经过200多年的发展，逐渐形成大片黄栌树林区。登上香山极目远眺，远山近坡，鲜红、粉红、猩红、桃红，层次分明，瑟瑟秋风中，似红霞排山倒海而来，瑰奇绚丽。

香山红叶

祖国心脏

▶▶▶ ZUGUO XINZANG

北京是世界上著名的文化古都。中华人民共和国成立后，北京作为新中国的首都，古貌换新颜，焕发出勃勃生机，成为祖国的心脏，维系着全国人民。而天安门及其广场一带，处在北京市的中心位置，在人们心中更有着特殊的神圣地位。

共和国的象征——天安门

天安门

天安门原名承天门，坐落在北京市的中心，故宫的南端，与天安门广场隔长安街相望，始建于明朝永乐十五年（1417年），原是明清两代北京皇城的正门。天安门由城台和城楼两部分组成，造型威严庄重，气势宏大，是中国古代城门中最杰出的代表。

1949年10月1日，在这里举行了中华人民共和国的开国大典，它由此被设计入国徽，并成了中华人民共和国的象征。

永远的纪念——人民英雄纪念碑

人民英雄纪念碑矗立在天安门广场中央，与天安门遥遥相对。它是中华人民共和国政府为纪念中国近现代史上的革命烈士而修建的纪念碑，在1958年建成。

人民英雄纪念碑呈方形，总高37.94米。碑身正面（北面）碑心是一整块石材，镌刻着毛泽东题写的"人民英雄永垂不朽"八个鎏金大字。背面碑心由7块石材构成，内容为毛泽东起草、周恩来书写的150字碑文。

重要的场所——人民大会堂

人民大会堂位于天安门广场西侧，西长安街南侧。人民大会堂是中国全国人民代表大会开会的地方，是全国人民代表大会和全国人大常委会的办公场所。它是党、国家和各人民团体举行政治活动的重要场所，也是国家领导人和人民群众举行政治、外交、文化活动的场所。

林海雪原——黑龙江省

黑龙江省是中国最靠近东北边境的省份。北国风光，虽不如江南婉约秀美，可北风呼啸中飘舞漫天雪花，也绝对是不可错过的风景。走在省会哈尔滨的中央大街上欣赏欧洲风情建筑，或者在太阳岛上漫行，都是不错的选择。如果这些还不够的话，再给您来份正宗的大列巴和红肠怎么样？

地形特征

▶▶ DIXING TEZHENG

黑龙江的形状大体上像一块西北高、东北略低、格子分布不太规则的棋盘。这里的平原、山地像调皮的"小兄弟"，你中有我，我中有你，交叉分布，又势均力敌。如果你想领略平原的广阔无垠，来吧！三江平原、松嫩平原欢迎你；如果你想进山悠闲漫步，来吧！大、小兴安岭会给你无限惊喜！

大兴安岭

🏔 "双面美人"兴安岭

兴安岭雄踞在黑龙江省北部以及东北部。可有意思的是，好端端的大山脉在中国偏偏被嫩江一分为二，分成大兴安岭和小兴安岭！然而这一分割，却也造就了令人惊讶的奇景，因为这一大一小两位"兴安岭美人"无论气候还是景致都各有特色。

大兴安岭有"绿色宝库"的美称，更令人称奇的是，这里动物种类与数量繁多，"棒打獐子瓢舀鱼，野鸡飞到饭锅里"，那是多么令人向往的情景！要是严冬时节去松花江，你还能看到许多人在冰上刨、锯，用汽车拉走巨大的冰块准备制作冰灯呢！

小兴安岭与大兴安岭相比，更是一个矿产丰富、景色奇美的天然大公园。这里不仅有举世闻名的东北虎，更有惊险刺激的滑雪场等着你惊叫连连。

气候和资源

QIHOU HE ZIYUAN

春耕图

黑龙江位于中国东北地区最北部，黑龙江省大部属于温带大陆性季风气候，冬季漫长、严寒、干燥，夏季温暖、短促、多雨，冬夏温差十分大。怕冷的朋友冬天来到这里可不要在户外跑得太远，因为一不小心会冻伤的！

黑龙江的严冬虽然令人不寒而栗，但丰富的资源却令人喜笑颜开。目前在黑龙江省发现的矿产有100多种，石油、天然气、石墨、铅等，更是鼎鼎有名哟！黑龙江的森林资源也是不可忽视的，要不然大、小兴安岭"两位美人"可就要噘嘴啦！

在黑龙江这片美丽神奇的土地上，著名的额木尔河、呼玛河、逊别拉河、松花江和乌苏里江一路欢唱着向前奔流。因为水的滋润，流域内森林茂密、土质肥沃、物产丰富。鱼们也乐意在这儿安营扎寨，这里有上百种鱼呢！鳇鱼、大马哈鱼就是这里的特产。想吃鱼的朋友们，可以行动喽！

东北虎

旅游民俗

▶▶ LUYOU MINSU

冰雕龙

🏛 圣索菲亚大教堂

　　哈尔滨圣索菲亚大教堂是20世纪远东地区最大的东正教教堂，教堂的墙体全部采用清水红砖，上冠巨大饱满的洋葱头穹顶，统率着四翼大小不同的帐篷顶，形成"主从"式的布局，4个楼层之间有楼梯相连，前后左右有4个门可以供人出入。正门顶部为钟楼，7座铜铸制的乐钟恰好有7个音符，由训练有素的敲钟人手脚并用，敲打出抑扬顿挫的钟声。

🏛 晶莹剔透的冰雕

　　冰雕就是一种以冰为主要材料来雕刻的艺术形式，也是冰灯游园会中大量运用的造型艺术之一。如果你去了黑龙江，不仅能看到各种各样漂亮的冰雕作品，还能亲自体验丰富多彩的冰雕活动呢！

　　比如把饮料预置于冰雕里面，摆放在人流量比较大的地方，随着冰雕慢慢融化，饮料就会裸露出来，这种"融冰露饮"的期待，让人感到新奇和满足。

🏛 比汽车还棒的爬犁

　　"嗷啦！嗷！"咦？在那白雪茫茫的远方，飞奔过来一个黑影，那是什么？速度怎么如此之快？近了，近了，原来是爬犁！嘿，这种由动物拉动的交通工具比汽车还棒哟：汽车在雪地上根本开不起来，可是它行！

　　爬犁是东北地区常见的冬季交通工具，爬犁既可以坐人，也能载物，一般使用牛、马、狗等拉动。在旷野中、冰河上疾驶，狗更能适应这种自然环境，一天可以奔驰100多千米呢！

狗拉爬犁

Part4
第四章

一山三水——吉林省

吉林省位于中国东北地区的中部，北接黑龙江省，南接辽宁省，西邻内蒙古自治区，东与俄罗斯接壤，东南部以图们江、鸭绿江为界，与朝鲜民主主义人民共和国隔江相望。各种独特景观、满族风情服饰等已经成了吉林的名片。让我们一路向北走去，看红叶"枫"一下吧！

地形特征

DIXING TEZHENG

吉林省的地势由东南向西北逐渐递降，分为东部山地和中西部平原两大地貌区。只不过，山地是"老大"，约占全省面积的36%，平原是"老二"，约占全省面积的30%，另外的则是丘陵和台地。爱好旅行的朋友可以去爬爬长白山，站在大山之巅，看看波浪一般起伏不定的吉林山水。

吉林秋景图

气候和资源

QIHOU HE ZIYUAN

吉林省属于温带大陆性季风气候，四季分明。吉林东部近海，气候湿润多雨；西部接近蒙古高原，气候干燥。

这里的主要通航河流有松花江、图们江和鸭绿江等。一般4月中旬至11月下旬为通航期。内河港口有大安港、吉林港、扶余港，年吞吐能力140万吨。

吉林省的植被类型多样，生态环境复杂，是野生动物良好的栖息地。森林中蕴藏着众多的动物资源，如东北虎、金钱豹、梅花鹿、紫貂、丹顶鹤等。

长白山天池

🏔️ 火山顶上的湖

长白山天池位于长白山主峰火山锥体的顶部，是中国最大的火山口湖，也是世界上海拔最高的火山湖，池水透明清澈。早在清代就有记录说天池中有一个怪物，"金黄色，头大如盆，方顶有角，长项多须"。近几年对怪物的发现和报道越来越多，到底有没有？科学家也没有解开这个谜。你想不想去看看这个神秘的天池呢？

北国春城 🏯

▶▶ BEIGUO CHUNCHENG

🏔️ 长春电影城

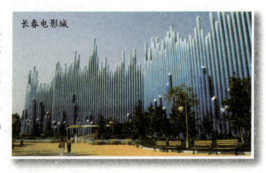
长春电影城

长春电影城位于吉林省长春市，是影视拍摄基地。长春电影城集电影艺术、技术之大成，展示中外古今多民族建筑风格，具有很强的观赏娱乐价值。通过参观游览长春电影城既可以欣赏中华民族的建筑风格，感受民族习俗，又可以欣赏到世界各地的风光奇景，还可以了解电影的发展历史，这里是游人不可不去的旅游观光场所。

🏔️ 伪满洲国皇宫

位于长春市东北角的伪满洲国皇宫，是中国末代皇帝爱新觉罗·溥仪的宫殿。这座承载历史风雨的宫殿，包括大小建筑数十座，风格古今并陈、中外杂糅，曾经先后用作溥仪的"执政府"与"帝宫"。

这里虽没有北京故宫的富丽堂皇，也没有沈阳故宫的浓郁的满族特色和粗犷气息，可是远远望去，院内主体建筑的琉璃瓦顶金碧辉煌，庭院错落有致，仿佛有诉说不尽的繁华与落寞，等着你去倾听。

旅游地图

▶▶ LUYOU DITU

吉林文庙

吉林文庙位于吉林省吉林市，是中国四大文庙之一，与曲阜孔庙、南京孔庙、北京孔庙并称。作为清朝在东北建立的第一座孔庙，吉林文庙既是清朝对汉文化传入东北的认可，更是汉文化与东北少数民族文化互通的历史见证。

吉林文庙的孔子行教像

五女峰

五女峰国家森林公园坐落在吉林省东南部鸭绿江畔，长白山南麓的老岭山脉，包括五女峰、小江南、洞天皓月、美容泉、老虎岩、抗联遗址、植物园、仙人台、观峰台、老岭松涛等景观。景区风景奇异秀丽，山高林密，大树参天，珍贵的松、椴、楸、桦树，青翠欲滴，华盖苍苍，山峦峰叠，陡峭挺拔，千姿百态，雄伟壮观。这里不仅是野兽、飞禽的乐园，而且还是关东三宝——人参、鹿茸、貂皮的产地，也是山珍的故乡。

高句丽王城

高句丽王城文化遗址位于吉林省集安市，是高句丽王朝的遗迹。景区内有雄伟壮丽的海东第一古碑"好太王碑"，有气势恢宏的高句丽王陵——"东方金字塔"将军坟，有具有浓郁民族特色的高句丽王城"丸都山城"，有堪称"东北亚艺术瑰宝"的高句丽壁画墓"五盔坟五号墓"等知名景观。

五女峰仙人台

东方鲁尔——辽宁省

辽宁省位于我国东北地区南部，南临黄海、渤海，东与朝鲜一江之隔，与日本、韩国隔海相望，是一个既沿海又沿边的省份。一条大辽河，奏响过多少勇士壮歌？一座帝王城，演绎过多少前朝往事？辽阔的黑土地，创造了多少工业奇迹？这里，处处都是火辣辣的东北风情！

地形特征

DIXING TEZHENG

辽宁省地势大体为北高南低，山地、丘陵分列于东西两侧，向中部平原下降。辽宁省按地貌可划分为三大区：东部山地丘陵区，西部山地丘陵区和中部平原区。从空中看向这里，它就像是中国这只雄鸡的"大下巴"。

千朵莲花山

千山位于辽宁省鞍山市东南，因为山峰总数为999，其数近千，故名"千山"。也因其峰似莲花，又名"千朵莲花山"。千山风景秀丽、景观奇特，奇峰、岩松、古庙、梨花等令人难忘。

千山天然弥勒大佛是千山的又一奇景，是一尊完全由整座山峰形成的、天然的坐佛。大佛左手五指分开，自然地放在膝盖上，右手握拳，手臂压在右腿上，胸前还隐约挂有佛珠，身上还有天然山洞形成的肚脐呢！

在千山慈云殿后面山路旁边有一处平坦的石面，敲击石面能发出木鱼的声音，因此名为"木鱼石"。游人从此经过都会好奇地敲一敲，听一听。相传嘉庆皇帝在千山寻找木鱼石，花费了3年的时间，踏遍千山的每一个角落，才找到了这块奇石。

在罗汉洞的上方还有一块"无根石"，据说曹雪芹写《红楼梦》时就在这里生发过灵感。千山是一个神奇的地方，是一个迷人的地方，更是一个令人流连忘返的地方，你要来看看吗？

鸭绿江

气候和资源

赤狐

辽宁省属于温带大陆性季风气候。春季大部分地区日照不足；夏季前期日照不足，后期偏多；秋季大部分地区日照偏多；冬季日照明显不足。各地温度差异较大。辽宁省大小河流众多，流域广阔。全省动物种类繁多，矿产资源储量居全国前列。著名的动物资源有白鹳、丹顶鹤、蝮蛇、爪鲵、赤狐、黑熊、海豹、海豚等。

 美丽的鸭绿江

在辽宁，有一条美丽的江——鸭绿江。鸭绿江流经吉林、辽宁两省。站在鸭绿江的岸边，你就可以看到对岸的朝鲜。在美丽的鸭绿江上，还可以看到一座著名的桥——鸭绿江断桥。它是鸭绿江上的第一座桥，连接中国与朝鲜，始建于 1909 年。全桥有 12 孔，从中方数第四孔为开闭梁，原先可以开合，便于船舶航行，后于"抗美援朝"期间被毁。

23

历史的脚印

🏛 清昭陵

清昭陵

清昭陵坐落在沈阳市区北部，又称"北陵"，是清太宗皇太极和孝端文皇后博尔济吉特氏的陵墓。清昭陵是清初"关外三陵"（沈阳市昭陵、福陵和新宾满族自治县永陵）中规模最大、气势最宏伟的一座，呈长方形。崇楼大殿掩映于苍松翠柏之间，成为著名风景区。

🏛 两代汗王的宫殿

沈阳故宫

沈阳故宫位于沈阳市旧城中心，是中国现存仅次于北京故宫的最完整的皇宫建筑群。清代入关前，其皇宫设在沈阳，迁都北京后，这座皇宫被称作"陪都宫殿""留都宫殿"。后来就称为沈阳故宫。

沈阳故宫是清太祖努尔哈赤和清太宗皇太极营造和使用过的宫殿，融合了汉族、满族、蒙古族各民族建筑的特点。假如你想欣赏旧皇宫遗留下来的宫廷文物，那就去沈阳故宫博物院吧，据说在那里还可以看到努尔哈赤用过的剑，以及皇太极用过的腰刀和鹿角椅呢！

🏛 辽沈战役纪念馆

辽沈战役纪念馆是历史的丰碑，是人民的怀念。馆藏丰富的文物和史料，成为辽沈战役研究和展示中心。革命纪念性建筑与现代园林融为一体，成为全国著名的爱国主义教育基地和军事文化旅游的胜地。其中《攻克锦州》全景画馆为国内首创，被称为"中国第一馆"。全景画馆采用绘画、塑形、灯光、音响等多种艺术形式，生动地再现了辽沈战役的关键性战役——攻克锦州的宏大战争场景，是中国博物馆和美术史上的开山之作。

京畿门户——天津市

　　天津市地处华北平原东北部，东临渤海，北依燕山，自古便是拱卫京畿的要地和门户。天津是一个特别好玩儿的地方，每年都要举办具有天津特色的各种赛事和娱乐活动。至于天津传统的风味食品就更不用说啦，我们何不来一场属于自己的"舌尖之旅"呢？

地形特征

▶▶ DIXING TEZHENG

天津之眼

天津市地处燕山山地向滨海平原的过渡地带，北部山区属燕山山地，南部平原属华北平原的一部分，东南部濒临渤海湾，地势北高南低、西高东低。从飞机上看天津，它简直就是一个巨大的"簸箕"！这"簸箕"滑稽地倾向海河干流与渤海，这架势好像要把渤海湾里的鱼虾全都吃进"肚子"里似的。

"京东第一山"

　　在天津蓟县西北部有一座奇特的山，这座山不像其他山那样直直挺立，而是像一条巨龙般盘旋蜿蜒，人们称它为"盘山"。盘山主峰海拔864.4米，有"京东第一山"的美誉。

盘山

气候和资源

▶▶ QIHOU HE ZIYUAN

　　天津的气候属于暖温带半湿润大陆性季风气候，冬季干燥寒冷，夏季炎热多雨。这种气候的显著特征是：季风显著，温差较大。

　　天津海洋资源十分丰富，有充足的海洋生物资源、海水资源、海洋油气资源、港口资源等，如大港油田、渤海油田是国家重点开发的油气田。除此之外，天津还有丰富的天然气、煤和地热资源。当然，天津还有丰富的地表水资源。天津地跨海河两岸，而海河是华北最大的河流，上游长度达10千米的支流就有300多条！这些支流都是急性子，一路吵嚷着冲进永定河、北运河、大清河、子牙河和南运河五大河流，这五大河流又继续急匆匆地奔向下一站——海河干流。

🏯 天津人的"母亲河"

　　海河是天津人的"母亲河"，也是天津的象征。海河干流起自天津的金钢桥，东至大沽口入海，全长70多千米，贯穿天津市区。天津人平常闲逛、休憩、钓鱼，都离不开海河两岸。

🏯 海上门户

　　渤海湾指渤海西部的浅水海湾，北、西、南三面环陆，以滦河口到黄河口的连线为东部边界，面积约占整个渤海的1/5。渤海湾还是京津的海上门户、华北海运枢纽。天津港是北方地区最大的综合性港口，货运吞吐量和港口规模均居全国前列。所以说到它的作用，可不能小瞧哇！

27

历史弄堂

▶▶ LISHI LONGTANG

🏯 天子渡河的地方

天津简称"津",意思是天子渡河的地方,又叫"津门"等。元朝时叫"海津镇"。元朝灭亡后,明代燕王朱棣率兵从这里渡河南下夺取政权后,将这里改名为"天津"。后来,各朝各代都在这里建城设卫,后定名为"天津卫"。

🏯 大沽口炮台

中国是一个崇尚谦逊的国家,中国人民是热爱和平的人民,然而从前在这片追求祥和的土地上,总是弥漫着战火的硝烟。从明代开始,为了抵御外敌,大沽口就开始设立军事防线;到了清代,更是修建炮台,放置大炮,并且不断加强防御设施。近代,由于西方列强对华大肆侵略,大沽地区更成为北方的军事要地。今天,天津人民已经把大沽口炮台看成是保卫祖国、抗击侵略的英雄精神的象征。

"少年富,则国富;少年强,则国强。"面对大沽口炮台,你会想起些什么呢?

🏯 雄伟的黄崖关长城

一说到长城,你要是只想到北京,可就有点儿孤陋寡闻了。要知道,在天津蓟县北30千米处,也有一段长城呢!这段长城名叫"黄崖关长城",它还是万里长城的重要组成部分呢!它的东面有悬崖作为天然的屏障,西面与峭壁相依,楼台林立,关隘扼守水陆要害,像一位赤胆忠心的大将军不分日夜地镇守在我们的疆土上。

黄崖关古长城有许多楼台,有八卦关城、正关、寨堡等,全段长城墙体和敌楼建在山脊上,陡峭险峻,人称"蓟北雄关",是长城的著名关隘。

黄崖关长城

塞外明珠——内蒙古自治区

内蒙古自治区位于中国的北部，地貌以高原为主。内蒙古高原是中国四大高原中的第二大高原。蓝天白云、一望无际的草海以及成群的牛羊，再加上骁勇的马背上的民族，汇聚成一幅美丽的自然画卷。心动不如行动，快和牧民们一起策马奔腾吧！

地形特征

▶▶ DIXING TEZHENG

内蒙古草原地势起伏微缓，一望无际，阴山横贯内蒙古中部，阴山以北为草原和戈壁，黄河流贯其南部；西南部为鄂尔多斯高原；大兴安岭纵贯东北部。高原约占整个自治区土地面积的一半。

呼伦贝尔大草原

中国像一只雄鸡屹立东方，在雄鸡"鸡冠"处点缀着一颗"碧玉"，那就是呼伦贝尔大草原。在这里，每逢夏季，蒙古包上升起缕缕炊烟，一望无际的草原、成群的牛羊、奔腾的骏马和牧民策马驰骋的英姿尽收眼底。

呼伦贝尔大草原是世界著名的天然牧场。它位于内蒙古东北部，因境内的呼伦湖和贝尔湖得名。呼伦贝尔大草原是内蒙古草原中草场质量最好、草原风光最为绚丽的地方，也是中国目前保存最完好的草原，总面积9万余平方千米，是世界著名的三大草原之一。这里地域辽阔，有3000多条纵横交错的河流，500多个星罗棋布的湖泊，被誉为"牧草王国"。

呼伦贝尔大草原也是一片几乎没有任何污染的绿色净土，出产的肉、奶、皮、毛等备受国内外消费者青睐，连牧草也大量出口日本等国家。它是"一代天骄"成吉思汗的出生地，同时也是中外闻名的旅游胜地。

呼伦贝尔大草原

气候和资源

▶▶ QIHOU HE ZIYUAN

内蒙古自治区气候冬冷夏热，日照充足，昼夜温差大。自治区中、西部是中国沙尘暴频发区之一。

内蒙古自治区资源丰富，优质的草原牧场、森林、稀土、铁、煤等，样样出名，以草原旅游资源最为丰富。

锡林郭勒大草原

美丽辽阔的锡林郭勒大草原以草原旅游资源丰富、草原类型完整而著称于世，地上植物有 1200 多种。境内有被联合国教科文组织列为国际生物圈网络的国家级草原自然保护区——锡林郭勒草原自然保护区。

大草原的沧桑历史

▶▶ DACAOYUAN DE CANGSANG LISHI

青冢拥黛

在呼和浩特市南郊大黑河畔，有一座著名的墓地——昭君墓，是中国最大的汉墓之一。在内蒙人民的心中，王昭君并不只是一个人物，而是一个象征，一个民族团结的象征，昭君墓也不只是一座坟墓，而是一座民族友好的历史纪念塔。

民间还传说昭君墓一天之内有三种变化，"晨如峰，午如钟，夕如枞"。昭君墓是不是真的这样神秘呢？你可以亲自去体验一番！

成吉思汗陵园

成吉思汗是大蒙古国开国君主，著名的军事统帅，原名"铁木真"，毛主席称他是"一代天骄"。成吉思汗陵园修建在甘德尔敖包上，由 3 座蒙古包式的宏伟殿堂组成，分正殿、东殿、西殿和后殿，4 殿相连，房檐都用金黄色和蓝色的琉璃瓦镶嵌砌成，殿顶呈圆形，显得格外辉煌壮观。如果能坐着自己发明的时光机去和成吉思汗握握手，或者干脆跟他打上一架，那真是帅呆了！

成吉思汗雕塑

草原都城

元上都遗址位于闪电河北岸，是中国北方骑马民族创建的一座草原都城。这座草原都城由宫城、皇城和外城组成。宫城墙用砖包砌，四角有楼，里面有水晶殿、鸿禧殿、大安阁等。城内引入河水，建有专门的储水池。假如你对元代历史感兴趣，想亲自感受元代都城的建筑风格与历史人文，这儿应该成为你的第一站！

玄石坡，立马峰

在锡林郭勒盟苏尼特左旗昌图锡勒苏木境内，有一片裸露在地面上的大型卧牛石，其中一块卧牛石上刻着"玄石坡"三个大字，还有一块卧牛石上刻着"立马峰"三个大字，相传为明成祖朱棣拴马之处，旁边一巨石上雕有香炉1鼎，马蹄印4个，并有一段铭文。铭文告诉人们，这组石刻是朱棣于永乐八年（1410年）北征时敕命所刻。当年明成祖亲率大军北征，与胡人新罕本雅夫里作战，节节取胜，每到一处都要祭祀天地祖宗，并立碑铭记。他来到此地，敕名此地为"玄石坡"，并敕刻"玄石坡"与"立马峰"石碑铭记。

马背上的文化

MABEISHANG DE WENHUA

祭敖包

"敖包"是疆域地界的一种标志，有的是利用突出地面的自然物而建，有的则是人工筑起的土包、石包、柴包等。每年夏季或秋季的固定祭日，"敖包"附近的蒙古族居民，会带上祭品（熟羊肉、牛奶、白酒、油饼等），从四面八方骑马或徒步而来，把祭品摆在敖包前，跪下，虔诚地祝愿："民族兴盛，疆域安定，人畜两旺，永保太平。"祭毕，大家环坐敖包前，分食祭品，边喝酒，边谈笑。

那达慕大会——草原狂欢节

那达慕大会是蒙古族人民最具有民族特色的传统节日，在每年七八月份，草原上都会举行这一传统盛会。其主要内容有摔跤、射箭、赛马等民族传统项目，有的地方还有田径、拔河、排球、武术、马球等体育竞赛项目。

那达慕大会

金玉之乡——新疆维吾尔自治区

　　新疆维吾尔自治区是举世闻名的歌舞之乡、瓜果之乡、金玉之乡。这里幅员辽阔、地大物博、山川壮丽、瀚海无垠、古迹遍地、民俗独特。这里的人民，既豪爽、热情，又纯朴、友好；这里是诗人的王国、画家的宝库、史学家的天堂、旅游者的乐园！让我们一起去"大巴扎"（维吾尔语是集市的意思，新疆国际大巴扎设在乌鲁木齐市）吧，逛逛我们的新疆！

地形特征

▶▶ DIXING TEZHENG

新疆的地形是山脉与盆地相间排列，盆地被高山环抱，俗喻"三山夹两盆"。北为阿尔泰山，南为昆仑山，天山横亘中部，把新疆分为南北两部分，南部是塔里木盆地，北部是准噶尔盆地。

新疆的"母亲山"

　　天山山脉位于新疆中部。如果登上天山峰峦的高处，还会看到巨大的天然湖，湖面平静，水清澈见底。传说中有一个湖是古代一个不幸的哈萨克少女滴下的眼泪，所以湖水颜色多变，象征着那个古代少女的万种哀愁。

　　这里多高峰，也多峡谷，自然也就有更多溪流。就在这种深山野谷的溪流边，往往有着果树夹岸的野果子沟。有的野果子沟连绵百里，沟里长满了野苹果，可是从来没人来采摘。多少年来，那沟边早已堆满了几丈厚的野苹果泥。

　　天山最高峰托木尔峰北部的伊犁地区，以牧业为主，养马业尤为驰名。古代的"天马"最初即来自此地，以后又叫伊犁马，至今仍享有盛誉。这里还是优良的军马和生产用马的重要产区。

　　这就是天山，处处丰饶，处处奇景！

气候和资源

▶▶ QIHOU HE ZIYUAN

新疆地处我国西北边陲、亚欧大陆的中心地带，是一块美丽富饶的宝地，自然资源十分丰富，且种类齐全，蕴藏量大，有巨大的开采潜力。这里有许多珍贵的动植物，植物如雪莲、胡杨等，动物有兔狲等。来到新疆的人们，总是对这里的动植物顽强的生命力感受特别深，它们有别处的动植物不具备的适应能力。

新疆只有一条外流河，那就是额尔齐斯河。外流河少的地方，淡水湖也少，所以新疆的湖泊以咸水湖居多。然而不管怎么样，勤劳勇敢的中国人民依旧在这儿快乐地生活着，创造了辉煌灿烂的历史和文明。

🏔 天山上的明珠

新疆虽然水资源不够丰富，但湖泊却是多得吓人，其中最著名的莫过于天山天池了。

天山天池古称"瑶池"，是传说中的王母娘娘的洗脚盆。天池的池水清澄、碧蓝，可是谁能想到这里居然会有"水怪"！据说，曾有近百名游客在天池湖边目睹了两只"水怪"在湖中游动嬉戏的情景，而且在天池的历史记载中，"不明生物"出现过四五次之多。这真是个谜！

天山天池

"丝绸之路"的前世今生

▶▶ "SICHOU ZHI LU" DE QIANSHI JINSHENG

🏛 丝绸之路上的马可·波罗

大约 700 年前，著名的旅行家马可·波罗踏上了古丝绸之路。他从霍腊散（今伊朗霍腊散）出发，经伊朗的乃沙不耳，翻越帕米尔高原，经阿尔金山，过叶尔羌（今新疆维吾尔自治区叶城县）等绿洲……后来这条古丝绸之路逐渐衰落了，直到 19 世纪末丝绸之路才从沉睡中苏醒。

🏛 高昌故城

高昌故城距今已有 1500 余年历史，曾是西北地区政治、经济、文化中心，也是丝绸之路上的重镇。高昌故城规模宏大，是古代西域留存至今最大的古城遗址，分为外城、内城、宫城三部分。外城西南角有一座较大的寺庙遗址，保存得相当完整。在它附近，曾发现过绿琉璃瓦残片和绘有图案的房屋基石，可见当年的宫室和庙宇的建筑已经达到相当高的水平。

高昌故城

🏛 神秘消失的楼兰古城

楼兰古城位于若羌罗布泊西北，这里在古代曾是一个水草丰茂、地势平坦的地方，农、牧业都十分发达。早在公元前 2 世纪以前，曾有过一个繁华的楼兰国，它是当时闻名遐迩的丝路重镇，可是到公元 4 世纪前后，这个曾经红极一时的"明星国家"却突然神秘地消失了，只留下一片废墟静立在沙漠中。

现存的楼兰遗址大致呈正方形，城墙大约 330 米长，城区面积约 1 平方千米，城内还存有残破的院落及高耸的佛塔。从楼兰古城中发现了不少古代文物，有各种器皿及钱币，最珍贵的要数晋代手抄本《战国策》了。

塞上江南——宁夏回族自治区

　　宁夏位于"丝绸之路"上，历史上曾是东西部交通贸易的重要通道，这里有独特的西夏文化。宁夏的疆域轮廓南北长、东西短。当你走进这里，眺望的是苍茫，手触的是荒凉；当你走进这里，没有大山的阻挡，没有大树能遮阳；当你走进这里，草间遍布的是牛羊，与你相逢的是漫漫黄沙巨浪。

地形特征

DIXING TEZHENG

　　宁夏回族自治区地处黄土高原和内蒙古高原的过渡地带，自然条件非常复杂，东、西、北面分别被毛乌素沙地、腾格里沙漠、乌兰布和沙漠包围，南面与黄土高原相连，地势南高北低。境内有较为高峻的山地和广泛分布的丘陵，也有冲积平原，还有台地和沙丘。

沙漠中的月亮湖

　　腾格里在蒙古语中是苍天的意思，腾格里沙漠跨甘肃、宁夏、内蒙古三省区，是中国第四大沙漠。我们都知道，干燥是沙漠的主要特征，但谁能想到在腾格里还会有一个美丽的月亮湖呢？月亮湖位于腾格里沙漠腹地，它有三个独特之处：一是形状酷似中国地图；二是湖水富含钾盐、锰盐、少量芒硝、天然苏打、天然碱、氧化铁及其他微量元素，是天然的药浴配方；三是拥有长达一千米、宽近百米的天然浴场——黑沙滩。这黑沙滩可了不起了，富含对人体有益的微量元素，是天然泥疗宝物！

沙坡西瓜

宁夏沙坡头风景区

气候和资源

▶▶ QIHOU HE ZIYUAN

宁夏回族自治区深居内陆，属温带大陆性半湿润半干旱气候。气候的总体特征为干旱少雨、风大沙多，气温日差大，日照时间长。宁夏气候四季分明，春季温暖，夏季短暂，秋季凉爽，冬季寒冷漫长。

自治区内年降水量由南向北递减，7月下旬至8月上旬是降水集中的时期。宁夏的水资源不多，除黄河干流以外，其他主要河流有清水河、苦水河及泾河、葫芦河的上游等，均属于黄河水系。银川平原自秦汉时起便引黄河之水灌溉农田，成为"鱼米之乡"，有"天下黄河富宁夏"之说。

这里的矿产和非金属资源质量较好，煤炭资源丰富，石油、天然气也有一定储量。这儿有多种珍贵生物，并已设立了自然保护区。一些珍稀物种不远万里择地而迁，六盘山狍子、野猪成群出现，鬣羚也在这里安了家。近几年，国家一级保护动物豹子也到了这里。

狍子

 平罗沙湖

沙湖位于石嘴山市平罗县，既有千亩沙漠，又有万亩水域。沙湖盛产鱼、鸟，有数万只鸟在这里栖居，鱼跃鸟鸣，可称得上是大自然中的一处奇观。

沙湖的鱼类十分丰富，不仅有鲤、鲢、鳙、鲩、鲫鱼，而且有北方罕见的武昌鱼、娃娃鱼。宁夏沙湖既是大自然的杰作，湖光沙色，候鸟成群，芦丛如画，风光旖旎，又是上苍的赐予，更是勤劳智慧的塞北人民惊天动地的艺术创造。

宁夏印象

▶▶ NINGXIA YINXIANG

华夏西部影视城

"东方好莱坞"

　　被誉为"东方好莱坞"的华夏西部影视城位于银川市郊镇北部，原为西部荒漠废弃的明代古堡，周围名胜古迹众多。城内有昊王宫、德明殿、夜落隔王宫等宫廷建筑，让你有穿越时空之感。假如你想体验西北风俗，那就去影视一条街吧，那儿的茶馆、小庙会告诉你答案。对拍戏感兴趣的朋友，可以去展厅看看，里面展示了大量的服装道具以及拍戏时的剧照。像《红高粱》《大话西游》《新龙门客栈》等30多部影视剧都是在这儿拍摄完成的。如果有幸赶上那里正在拍戏，也许你还有机会客串一回群众演员呢！

黄河鸟岛

　　青铜峡是黄河上游的最后一个峡口，青铜峡水电站于1967年建成，位于青铜峡峡谷出口处，是一座以灌溉、发电为主，兼有防洪、防汛功能的综合性水利枢纽工程。
　　大坝下的青铜峡水库景色秀丽宜人，成千上万的候鸟在这儿栖息，人称"黄河鸟岛"。除了观鸟，还能看到"一百零八塔"的奇景。
　　青铜峡水库西岸崖壁下的108座喇嘛塔是中国现存的大型古塔群之一。佛塔依山势自上而下，按1、3、3、5、5、7、9、11、13、15、17、19的奇数排列成12行，总计108座，形成总体平面呈三角形的巨大塔群，因塔数多而得名。

Part10
第十章

江河源头——青海省

青海省，简称"青"，是我国青藏高原上的重要省份之一。这里地处青藏高原东北部，全省均在高原范围之内。走进青海，只见金黄的花海、耀眼的雪山、似海的碧水，恍然间，游人会以为自己走进了梦境一般！

地形特征

▶▶ DIXING TEZHENGH

青海的地形复杂，地貌多样，山脉之间，镶嵌着高原、盆地和谷地。西部极为高峻，地势自西向东倾斜降低，东西向和南北向的两组山系构成了青海地貌的骨架。其地形可分为祁连山地、柴达木盆地和青南高原3个自然区域。来青海，你可以收获一种震撼的美！

"东方多瑙河"

澜沧江是一条波澜壮阔的大河，发源于青海高原的唐古拉山北麓的贡则木杂雪山，经西双版纳流出境外，途径6个国家，被称为"东方多瑙河"。想一睹澜沧江风采的朋友，可以从景洪出发，逆水而上至虎跳石。到了虎跳石，江面已渐渐收缩，最窄处仅20米左右。两岸是参差不齐的大岩石，江水汹涌澎湃，两岸奇峰嶙峋。

气候和资源

▶▶ QIHOU HE ZIYUAN

青海属于高原大陆性气候，具有气温低、昼夜温差大、降雨少而集中、日照时间长、太阳辐射强等特点。如果你不是西北人的话，到了青海先要有一个适应阶段，因为突然到海拔高的地方，很容易有高原反应。

青海的自然资源丰富多样，有色金属、石油等矿产资源和水资源相当丰富，但森林植被较少。

青海是珍奇异兽的天然乐园，被誉为"珍稀野生动植物天然园和高原物种基因库"。其中有珍稀动物如野骆驼、野牦牛、野驴、藏羚羊、盘羊、石

唐古拉山

鸡、血鸡、蓝马鸡、猞猁、白唇鹿等。这里有野生经济植物1000多种，其中雪莲、冬虫夏草、贝母、当归、发菜、枸杞等经济效益显著。

青海省蕴藏着极为丰富的光能、风能资源，全省日光辐射强，柴达木地区日照时间很长，是著名的"阳光地带"。

青海湖

青海湖古称"西海"，位于青藏高原的东北部。湖面海拔3200米，面积4400多平方千米，是我国最大的内陆咸水湖泊。

青海湖中有一个岛屿，叫鸟岛，是国家级自然保护区，因岛上栖息着数十万只候鸟而得名。虽然鸟岛面积不足1平方千米，但岛上鸟类数量有八九万只。每年春天，斑头雁、鱼鸥、棕颈鸥都来这里垒窝产卵。岛上的鸟蛋一窝连着一窝，密密麻麻，因此这里也被人称为"蛋岛"。

大美青海

DAMEI QINGHAI

塔尔寺

塔尔寺是我国著名的喇嘛寺院，是藏传佛教格鲁派创始人宗喀巴的诞生地，亦是西北地区佛教活动的中心。许多宫殿、经堂、佛塔寺组成的一个气势宏伟、藏汉艺术风格相结合的古建筑群。白塔寺殿宇相连，白塔林立，整座寺不仅造型独特，富于创造性，而且细部装饰也达到了高超的艺术水平。寺内的酥油花、壁画和堆绣被誉为"塔尔寺三绝"，具独特的民族风格和很高的艺术价值。

文成公主庙

文成公主庙，坐落在玉树县结古镇以南的贝纳沟，是一座既有唐代艺术风格又有藏式平顶建筑特点的古式建筑。庙内的巨型文成公主像和8尊佛像，由石壁雕凿而成，外表酷似泥塑，雕刻精细，造型质朴敦厚。这座庙是唐贞观十五年（641年）文成公主进藏时留下的规模最为宏伟而弥足珍贵的历史文化遗迹，文成公主离开这里进入拉萨后，这里的藏民便依据公主的画像，在石壁上造像，以示怀念，遂又建庙。此庙已经成为藏汉团结的象征。

油菜花海

门源油菜花位于青海省海北藏族自治州的门源回族自治县，此地是青海省及西北地区的主要油料产区。这里的油菜花也成为了一种美丽而蔚为壮观的人造景观，绵延

数千米。夏日时节，走进青海门源回族自治县，恰如走进一幅浑然天成的油画之中。七月中旬，门源的油菜花竞相怒放，花景与当地的蓝天白云、高山流水、林海草原和独有的民居、蜂农等自然与人文景观交相辉映，变幻出一道道独具特色的迷人风光。暑假期间，去门源的油菜花海吧，一定会令你迷醉其间的。

青海风情

QINGHAI FENGQING

"陶"声依旧

青海被誉为"彩陶王国"，而柳湾则被称为"彩陶的故乡"。这里是世界上彩陶出土非常集中的地方，也是迄今中国发现和发掘的规模最大的原始社会氏族聚落遗址和墓葬群。

1974年，考古专家在柳湾发现了深埋在土中的新石器时代的彩陶和墓地。出土的文物有马家窑文化的半山类型和马厂类型，也有齐家文化和辛店文化。

牦牛争先祝平安

作为青藏高原上最重要的一员，牦牛在青海还肩负着娱乐的重任，那就是牦牛赛。牦牛赛一般在节日期间进行。参赛牦牛是由骑手在牦牛群中精挑细选出来的，要求它体格健壮、行动灵活、善于奔跑。比赛时骑手身穿盛装，牦牛角裹彩绸，尾扎布花，身披坐褥，头配美观的笼头，漂亮威风极了！

赛牦牛

塔尔寺法会

法会意为祈祷，是一种宗教佛事活动。塔尔寺每年举行四次大型法会和两次小型法会，当地人将四次大法会俗称为"四大观景"。每年农历正月、四月、六月、九月是佛教的斋月，在这4个月中塔尔寺都有传统的供养法会。法会期间寺内举行诵经、讲经、辩经、祈祷、施供、布施、跳神舞、展献大佛、转金佛等佛事活动，为该寺的四大佛法盛会，也是传统的佛教节日。四大法会都有美好的缘起。正月祈愿大法会，是1409年正月由宗喀巴大师首创，后来格鲁派寺院相沿成习。四月法会是纪念释迦牟尼在这月诞生、成佛、涅槃的大法会。六月法会是纪念释迦牟尼在印度鹿野苑初转法轮的法会。九月法会是纪念释迦牟尼在忉利天为佛母摩耶夫人说法后降回人间弘扬佛法、普度众生的法会。四大法会闻名遐迩，法会之日，方圆百里内的群众赶往莲花山间，分享节日的快乐。

雍梁之地——甘肃省

地处黄河上游的甘肃，东接陕西，南靠巴蜀，西倚新疆、青海，北扼内蒙古、宁夏，是"古丝绸之路"的锁钥之地和黄金路段。这里有直插云天的皑皑雪峰，有一望无垠的辽阔草原，有苍凉的戈壁，有郁郁葱葱的次生森林，有神奇碧绿的湖泊佳泉，也有江南风韵的自然风光。让我们一起踏上神奇的"丝路之旅"，聆听那响了千年的驼铃之声吧！

地形特征

DIXING TEZHENG

甘肃地形狭长，地势自西南向东北倾斜，大致分为六大区域：陇南山地、陇中黄土高原、甘南高原、河西走廊、祁连山地以及河西走廊以北地带。陇中黄土高原和陇南山地像一条巨大的飘带，起伏于省境的东南部。南疆的"纤秀"、北国的"粗犷"，在陇南山地得到了完美的融合。终年积雪的祁连山地展现了一幅色彩斑斓的立体画面。人们在河西走廊以北地带能领略到"大漠孤烟直，长河落日圆"的戈壁风光。

敦煌鸣沙山

来到甘肃敦煌市西南郊的鸣沙山北麓，你一定会被一片"金黄沙丘"惊得目瞪口呆。这片沙丘东起莫高窟崖顶，西接党河水库，整个山体由细米粒状的黄沙积聚而成。狂风起时，沙丘会发出巨大的响声；当轻风吹拂时，沙丘又像管弦丝竹般鸣咽。这就是敦煌鸣沙山。

鸣沙山有两个奇特之处：人要是从山顶滑下，脚下的沙子会"呜呜"作响；白天人们爬沙山留下的脚印，第二天便踪迹全无。

鸣沙山月牙泉

驼队

气候和资源

▶▶ QIHOU HE ZIYUAN

黄河九曲十八弯

甘肃省属于温带季风气候，且具有明显向温带大陆性气候过渡的特征。气候的显著特征是：干旱少雨，温差较大，多风沙。冬季雨雪量小，寒冷时间长；春季气温上升快，冷热变化大；夏季气温高，降水集中；秋季降温快，初霜来临早。甘肃民谚中说："二八月的天，媒婆子的脸。"诙谐幽默的谚语，真实记录了甘肃人民的生活经验。

甘肃省的矿藏丰富，风能、太阳能储量也居全国前列，野生动植物种类繁多。由于受气候的影响，这里的植物种类大多以耐旱、耐盐碱的为主，如贺兰山女蒿、瓣鳞花等。动物当然也特别适应这儿寒冷、干旱的草原或荒漠生活。

黄河古韵

▶▶ HUANGHE GUYUN

🏛 麦积山的"空中栈道"

麦积山是西秦岭山脉小陇山中的一座孤峰，它山势陡峭，山石结构松散，可是山上偏偏有许多天然岩洞，洞内还有众多的佛教窟龛、泥塑、石雕等。

每一个来到麦积山的人，除了对它的洞窟以及雕塑表示赞叹外，还会被那悬在崖壁上层层叠叠的云梯和栈道震撼。据说当年开凿石窟时，人们先是在山崖下将木头

从下往上一直堆到崖壁最高处，然后再依崖开凿石窟。每凿一层，就拆除一层，再凿下一层，一直到山脚。

黄河母亲雕塑

黄河母亲像位于兰州市黄河南岸的滨河路中段、小西湖公园北侧，是全国诸多表现中华民族的母亲河——黄河的雕塑艺术品中最漂亮的一尊，具有很高的艺术价值。雕塑由"母亲"和"男婴"组成，分别象征了哺育中华民族生生不息、不屈不挠的黄河母亲和快乐幸福、茁壮成长的中华儿女。

"华夏第一庙"

伏羲，在古代传说中被称为"人文始祖""三皇"之一，是一位很受尊敬的人。后人为了表达对他的崇敬之情，在天水市西关建立了伏羲庙，伏羲庙被誉为"华夏第一庙"。

为了祭奠伏羲，每到伏羲的生日，也就是传说中的农历正月十六这天，人们都要赶庙会、唱戏、施舍，把许多心里话"告诉"伏羲，期望能从他那里获得智慧，找到解决问题的办法。

兰州水车

兰州黄河母亲雕塑

三秦之地——陕西省

陕西又称"古朴秦川",是国内邻接省区数量最多的省份之一。浩浩荡荡的陶土大军保卫着秦始皇的陵寝,两千年后终见天日。三秦大地以文明见证者的姿态哺育了一代又一代中华儿女。由于地理位置的关系,陕西的美食实际上融合了多个地区的饮食特色,所以这里的饭菜哪有不好吃的道理!

地形特征

▶▶▶ DIXING TEZHENG

黄土高原

陕西省地势南北高、中部低,北山和秦岭把陕西分为三大自然区域:北部是陕北高原,中部是关中平原,南部是秦巴山地。

陕北的黄土高原像一位刚强的战士,承受着风沙的吹打,把珍贵的水资源牢牢地藏在地下。关中平原像镶嵌在陕西中部的一颗璀璨的明珠,享受着水资源的滋润。这里地势平坦,交通便利,气候温和,物产丰富,经济发达,是全省的精华之地,号称"八百里秦川"。陕南的秦巴山地包括秦岭、巴山和汉江谷地。秦巴山地是森林资源的宝库,汉江谷地更是土质肥沃,物产丰富。

🏔 奇险天下第一山

在陕西省华阴市境内,有一座奇峭险峻的高山,多少年来吸引了无数勇敢的攀登者,那就是西岳华山。

华山海拔2160米,是一座花岗岩断块山。聪明的人们在南天门外建了一条"长空栈道"。栈道开凿在南峰西岩下面,筑在光溜溜的绝壁上,栈道宽仅30多厘米,一边空悬没有栏杆,一边崖上钉有铁索勉强可以抓牢,实在是令人胆战心惊!

华山

气候和资源

陕西气候"酷酷"的，冬季严寒而漫长，夏季凉爽又短促，降水量也不算很丰沛。来陕西旅游的朋友要注意防晒，因为这里日照很充足，足以晒伤你娇嫩的肌肤。

云豹

这里的资源具有明显的过渡性和复杂性，矿产中煤、钼、铜等储量在全国居于前列。野生动植物种类繁多，其中植物有杜仲、麻黄等，动物中金丝猴、云豹等最为著名。注意到没有，这些都是耐寒、耐旱的生物。

陕西全省河流以秦岭为界，分属黄河、长江两大水系。渭河、泾河、洛河、无定河等属于黄河水系，汉江、嘉陵江等属于长江水系。黄河干流中段纵贯陕、晋边境，峡谷很多，水流湍急，但是过了龙门，它马上就会恢复平静和缓的个性。

走进秦岭深处

在中国版图的正中心绵延着一条雄伟的山脉，被称为"中国的脊梁"，它就是秦岭。秦岭是一道东西走向的古老褶皱断层山脉。秦岭北坡短而陡，河流深切，多山涧深谷，有"秦岭七十二峪"之称；南坡长而缓，山高谷深，重峦叠嶂，云雾缭绕。这里是陕西境内著名的旅游胜地。

旅游画廊

世界第八大奇迹

秦始皇陵位于西安临潼区骊山北麓，又叫"骊山园"。秦始皇陵是中国历史上第一个规模庞大、设计完善的帝王陵园。秦始皇陵筑有内外两重

秦始皇陵兵马俑

夯土城垣，象征着都城的皇城和宫城。陵冢位于内城南部，呈覆斗形。陵墓内的兵马俑发现于1974年，被誉为"世界第八大奇迹""20世纪考古史上的伟大发现之一"，是可以和埃及金字塔、古希腊雕塑相媲美的艺术珍宝。不过这座陵墓到现在还是一个神秘的"地下王国"。究竟陵墓地宫是什么样的结构？里面藏匿了多少奇器珍宝？有没有防盗机关？所有这些至今还是个谜。

天下第一陵

黄帝陵位于延安市黄陵县城北的桥山顶上，素有"天下第一陵"的称号。这个古老的陵墓里葬的并不是黄帝本人，而是他的衣冠。相传有一次黄帝东巡，突然晴天一声霹雳，一条黄龙从天而降。它对黄帝说："你的使命已经完成，请和我一起归天吧！"当黄龙带着黄帝飞越陕西桥山时，黄帝请求下来安抚臣民。百姓从四面八方赶来，个个痛哭流涕，抓着他的衣襟不放。最后黄龙带着黄帝飞走了，留下了衣冠，百姓便在桥山给他立了衣冠冢。

现在轩辕庙内的青石上还有一对黄帝的脚印呢，据说那是一个可爱的少女为了给黄帝做鞋子偷偷画下的。你要是到了那里，可以把自己的双脚放在黄帝的脚印上试一试哟，据说这是在"踩着黄帝的脚印前进"。

西安古城墙

到西安，一定要夫西安古城墙上走一圈，亲身感受一下古城墙的厚重与坚固，感受一下古代人的建筑智慧。西安古城墙一般特指狭义上的西安明城墙。西安明城墙位于陕西省西安市中心区，轮廓呈封闭的长方形，周长13.74千米，于明洪武七年到十一年（1374～1378）在隋唐皇城的基础上建成。城墙完全依据"防御"战略思想建筑，它的厚度大于高度，宽度可以跑车和操练。从隋唐皇城算起，西安古城墙已经有1400多年的历史，从明初扩建时算起，到现在也已有600多年历史，是中国保存最完整的古代城垣建筑之一。

西安古城墙

世界屋脊——西藏自治区

西藏素有"世界屋脊"之称，由于其所在的特殊地理位置，西藏既有独特的高原雪域风光，又有妩媚的南国风采。至今，还有许多藏族人的生活习俗与高原之外的现代人有着很大的差距。在许多人眼里，西藏是人类庄严情愫的升华之地，充满了神秘色彩。西藏各地蕴藏着不同的文化与风情，那里有无数秘密等着你去探索。

地形特征

>> DIXING TEZHENG

来到西藏这片神秘的土地，可得带好氧气瓶，因为这儿平均海拔4000米，人很容易缺氧。西藏的地势西北高、东南低，山势雄奇壮观。这儿的山已经不是"高山"一个概念可以形容的了，还有极高山、高山、中山、低山之分呢。

西藏自治区的地形地貌复杂多样，分为藏北高原、藏南谷地、藏东高山峡谷以及喜马拉雅山地四个地带。

罕见的冰塔奇观

喜马拉雅山是地球上最年轻、最雄伟的高山，因为海拔极高，它成了冰川的家，喜马拉雅山脉中段北坡的山谷冰川更是世界上最雄伟壮丽、形态多姿的冰塔林。这些冰塔高度不等、形状万千，有的像丘陵，有的像金字塔，有的像高耸的城堡，有的像刺向蓝天的宝剑。

每年都会有很多人从世界各地聚集到喜马拉雅山的主峰——珠穆朗玛峰，他们有一个共同的目标：站到地球上海拔最高的地方，让世界在自己的脚下！登山者们认为这种狂热运动是在挑战自我，只可惜很多人在登山过程中因为气候奇寒、氧气不足或地形险恶等各种原因而失败。

五色经幡

中国最美的峡谷

雅鲁藏布大峡谷是世界上最长、最深的河流峡谷，峡谷中瀑布成群，瀑布伴随着彩虹，美得令人着迷。峡谷因为高海拔的关系，在同一坡面上，从高到低形成了9个垂直自然带，既有寒冷的北极风光，又有炎热的赤道风情，还有水獭、石貂、云豹等珍稀动物。

气候和资源

▶▶ QIHOU HE ZIYUAN

藏羚羊

西藏自治区气候总特点为：日照时间长，太阳辐射强；气温低，日温差较大；干湿分明，多夜雨；冬春季干燥，多大风；气压低，氧气含量少。由于地形复杂，还有多种多样的区域气候和明显的垂直气候带。

这里气候复杂多样，在这儿你会知道什么叫"一山有四季，十里不同天"，不过千万要记得做好防晒、防寒准备哟！

由于特殊的地理条件，西藏的自然资源比较丰富，尤其是矿产资源。特别值得一提的是，西藏的地热和日光资源尤其丰富，那里已建成羊八井地热电站。

西藏的森林资源也非常丰富，分布着许多中国稀有甚至世界稀有的动植物，如野生牦牛、藏羚羊、雪莲花等。

这里还是中国河流和湖泊最多的地方之一，有金沙江、怒江、澜沧江、雅鲁藏布江等。这儿的河流水量丰富，因此水能资源也十分丰富。来这儿旅行的朋友可要大饱眼福了！

雪域风情
▶▶ XUEYU FENGQING

雪域圣酒

青稞酒是藏族传统饮料，是用青稞酿成的一种低浓度的酒，清香醇厚、绵甜爽净，被誉为"雪域圣酒"。藏族人民在敬酒喝酒时有不少规矩。要是到藏族同胞家做客，主人请喝青稞酒，客人要用右手无名指指尖沾上一点儿青稞酒，对着天空弹酒。同样的动作做完三下之后，主人就向你敬"三口一杯"酒。"三口一杯"就是连续喝三口，每喝一口，主人就给你添上一次酒，当添完第三次酒时客人就要把这杯酒喝完。

藏民收获青稞

献哈达

献哈达是藏族最普遍的一种礼节。无论是婚丧节庆、拜会尊长，还是觐见佛像、音讯往来、送别远行，都有献哈达的习惯。哈达是一种生丝织品，纺得稀松如网；也有品质优良、用丝绸做料的哈达。哈达长短不一，长者一二丈，短者三五尺。献哈达是对人表示纯洁、诚心、忠诚的意思。自古以来，藏族同胞认为白色象征纯洁、吉利，所以哈达一般是白色的。当然也有五彩哈达，颜色为蓝、白、黄、绿、红。蓝色代表蓝天，白色是白云，绿色是江河水，红色是空间护法神，黄色象征大地。五彩哈达是献给菩萨和近亲做彩箭用的，是最隆重的礼物。

日光之城——拉萨

拉萨是藏地之心，它既是西藏政治、文化、经济的中心，也是朝圣者心中的圣地。拉萨以风光秀丽、历史悠久、风俗民情独特、宗教色彩浓厚而闻名于世。这里阳光直射，蓝天澄澈，视野开阔。在拉萨，你可以去看雄伟的布达拉宫、朝拜信徒的圣地大昭寺、逛逛八廓街、看哲蚌寺辩经、体验罗布林卡的藏式园林风情，拉萨像一幅画卷，神秘又美丽。

献哈达

天府之国——四川省

　　四川地处中国西南，是承接华南华中、连接西南西北、沟通中亚南亚东南亚的重要交汇点和交通走廊。四川历来有"天下山水在于蜀"的说法，并有"峨眉天下秀，青城天下幽，剑门天下险，夔门天下雄"之誉。来过四川的中外游客、古今文人都会为四川雄、奇、险、秀、幽、野、古、绝的自然风光所倾倒。蜀道难，真的难于上青天吗？在交通发达的今天，这已经不是问题了，走吧。

地形特征

▶▶ DIXING TEZHENG

小熊猫

到了四川，你要乖乖地追随那青翠的山谷以及连绵的丘陵。因为这里的地形以山地和丘陵为主，平原、高原面积狭小。东部为盆地、丘陵，中部为四川盆地，西部则是地域辽阔、地势高峻的川西北高原和川西南山地。山地在四川省分布最广，平原则以四川盆地西部的成都平原最为著名。

🏔 蜀山之王

　　从空中俯瞰四川，一座突出的高峰一定会引起你的注意，那就是蜀山之王——贡嘎山。

　　贡嘎山海拔 7556 米，高耸入云。巨大的冰洞、险峻的冰桥，更是让人仿佛走入神话中的水晶宫。特别是举世无双的海螺沟大冰瀑布，是我国最高、最大的冰瀑布。

贡嘎山

气候和资源

阿坝草原

四川省地处亚热带，气候复杂多样。东部属湿润的亚热带季风气候，西部山地属高原气候。全省气候的显著特点是：冬暖、春早、夏长，年均气温高，日照少。

由于受东南太平洋季风和西南印度洋季风的影响，四川省东部盆地降雨量多，川西高原降雨少，旱季雨季分明。

四川省是中国矿产资源最丰富的省份之一，矿产资源储量丰富而且种类齐全。四川省的天然气、动植物资源也极其丰富，其中"国宝"大熊猫的数量居全国首位。由此可见，四川省真是一块宝地。

川八角莲

"向心状"的河流

四川这个"家伙"大概觉得"向心状"这个造型不错，便由东部四川盆地的河流组成了一个不是很对称的"向心状"水系。岷江、沱江、嘉陵江等，均从盆地边缘的山地流向盆地底部，最后注入长江干流，东出三峡。流经川西北高原的金沙江、雅砻江、大渡河等河流则是山河相间，呈平行状的水系。川西北的白河和黑河，由南向北顺势而下，注入黄河，是四川唯一向北流的网状水系。

川乡蜀地话历史

>> CHUANXIANG SHUDI HUA LISHI

蜀国仙山

　　峨眉山地势陡峭,风景秀丽,有"秀甲天下"之美誉。山路沿途有较多猴群,常结队向游人讨食,为峨眉一大特色。峨眉山山势奇秀,云雾缥缈,这样奇秀的山究竟是怎样形成的呢?

　　相传在很久以前,峨眉山只是一块方圆百余里的巨石,一个石匠和他的妻子决心将这块巨石打凿成一座青山。天上的神仙被他们的决心感动了,把巨石凿刻成起伏的山峦和幽深的峡谷,变出灵秀的树林、瀑泉,还有欢快的飞鸟与百兽。从此,巨石成了今天的峨眉山。

乐山大佛

　　乐山大佛是依凌云山栖鸾峰临江峭壁凿造的一尊弥勒坐像,始凿于唐开元元年(713年),历时90余年方建成。大佛依山凿成,头与山齐,脚背可围坐百人以上,被誉为"山是一尊佛,佛是一座山"。

乐山大佛

古蜀国的奇迹

　　三星堆遗址是现今发现的最大的古蜀国文化遗址。这里出土了迄今国内所见到年代最早、体型最大的青铜人像,有用纯金皮包卷而成的象征王权的金杖,以及其他珍贵文物近千件。考古学家还惊奇地发现:古蜀人是跪着吃火锅的!有高柄豆和三脚镦为证。高柄豆是古蜀人进食的容器,由此看出他们吃饭是不用桌子的,而是跪坐在高柄豆前。三脚镦有点像今天的四川火锅。古蜀人也许是在三脚镦下生火,煮熟食物。

都江堰全景

山城雾都——重庆市

巍峨的高山、低回的河谷，承载着重庆3000年的文明史。在浩荡的历史长河中，重庆以其巨大的凝聚力和辐射力，成为古代区域性的军事政治中心和重要的商业物资集散地。如今，重庆是中国最年轻的直辖市，也是近年来发展最快的城市之一。它既是山城、江城、雾都，又集巴渝文化、移民文化、陪都文化于一体，如同一片热带森林，火热、喧嚣、生命力旺盛。快走进这个神奇的城市，一起去吃麻麻辣辣的火锅吧！

地形特征

▶▶ DIXING TEZHENG

景色优美的地方大多"依山傍水"，重庆市就是这样的"美山美水"之地。重庆市境内山脉连绵起伏，河流纵横交错。北部、东部及南部分别有大巴山、巫山、武陵山、大娄山环绕，长江、嘉陵江穿城而过，这使得重庆既以"江城"著称，又以"山城"扬名。全市处于四川盆地地形区的东部，海拔700～800米的华蓥山、方斗山等山岭间有河谷相间分布，称川东平行岭谷。地形复杂，多沿河流、山脉起伏。地势南北高，中间低，从南北两面向长江河谷倾斜。

气候和资源

▶▶ QIHOU HE ZIYUAN

重庆市属中亚热带湿润季风气候，气候特点为"春早气温不稳定，夏长酷热多伏旱，秋凉绵绵阴雨天，冬暖少雪云雾多"。重庆7～8月气温最高，与武汉、南京同为长江流域的3大"火炉"城市之一。

说到"雾都"，你首先想到的是英国伦敦吧？其实，重庆也被称为"雾都"呢，每年10月至来年4月是多雾的季节，年均雾日104天。大雾之日，出

长江三峡自然保护区

行非常不方便，但重庆的雾景也别有一番情致。

目前，重庆已发现矿产68种，已查明资源储量的矿产有54种，主要有煤、天然气、锶、硫铁、岩盐、铝土、汞、锰、钡、大理石、石灰石、重晶石等。特别是煤、天然气、铝土矿、盐矿、锶矿、锰矿和钡矿等的储量、品位在全国都有明显优势。

重庆地区有各类动物资源380余种，其中野生珍稀动物主要有毛冠鹿、林麝、大灵猫、水獭、云豹、猕猴、红腹锦鸡等；有江河鱼类120多种，鱼类养殖遍及各区县。同时，重庆境内江河纵横，水网密布，水及水能资源十分丰富。重庆石灰石地质地貌突出，溶洞较多，有丰富的地下热矿泉水和饮用矿泉水，开发前景良好。

壮丽雄奇山水画廊

从重庆市奉节县白帝城，到湖北省宜昌市南津关的河段上，有3座著名的峡谷，由西向东依次为瞿塘峡、巫峡、西陵峡，这就是长江三峡。这里峡大谷深，名胜古迹也很多，白帝城、南津关、孙夫人庙等游览胜地同旖旎的山水风光交相辉映，怪不得李白乘舟经过这里留下了优美的诗句："朝辞白帝彩云间，千里江陵一日还。两岸猿声啼不住，轻舟已过万重山。"

历史弄堂

▶▶ LISHI LONGTANG

"徒有虚名" 白帝城

喜欢旅游的朋友，坐船过奉节，顺流而下，遥望瞿塘峡口，可以见到长江北岸高耸的山头上，有一幢幢飞檐楼阁，这就是名扬神州的旅游胜地白帝城。

白帝城，原名"子阳城"，是历代兵家必争之地。西汉末年公孙述占据蜀地，在山上筑城，他见城中一口井经常冒白气，宛如白龙，于是借机自号白帝，把这座城命名为"白帝城"。公孙述死后，当地人在山上建庙立公孙述像，称"白帝庙"。但是因为公孙述并不是出身于皇室血统，后人又将他的神像毁灭，改祭江神、土神和马援像，改称"三功祠"。到明代又改祀刘备、诸葛亮像，称"正义祠"，以后又添供关羽、张飞像。从此，"白帝庙内无白帝"。

白帝城

大足石刻

大足石刻为重庆市大足区境内摩崖造像石窟艺术的总称，是世界八大石窟之一，有"东方艺术明珠"之称，是中外游客川渝之行的必游之地。大足石刻群有石刻造像70多处，总计10万多躯，是中国晚期石窟造像艺术的典范，与敦煌莫高窟、云冈石窟、龙门石窟、麦积山石窟中国四大石窟齐名。

渝乡风情
▶▶ YUXIANG FENGQING

龙灯舞起来

铜梁是著名的"中国民间艺术之乡"，以龙灯艺术享誉海内外。铜梁龙灯是一种以"龙"为主要道具的龙灯舞和彩灯舞，舞蹈套路非常丰富，特别是闻名遐迩的铜梁大龙全长50米，或腾越、或翻滚、或造型，交替变换。慢舞时雍容大度，优美抒情；快舞时激越奔放，动人心魄。铜梁火龙更是独具魅力，打铁水、喷火花，人在火中舞，龙在火中飞，场面热闹极了。

每年正月初一至十五元宵节，铜梁全县各种龙灯大汇演，各类艺术大展赛，历时半个月，热闹非凡。

如果你有机会的话，最好不要错过哟！

铜梁龙舞

群山之省——贵州省

贵州省位于中国西南的东南部，东毗湖南，南邻广西，西连云南，北接四川和重庆。境内地势西高东低，素有"八山一水一分田"之说。贵州秀丽古朴、风景如画，是世界上岩溶地貌发育最典型的地区之一，有最绚丽多彩的喀斯特景观。未来的贵州一定会建成中国最美丽的国家公园。

地形特征

>> DIXINAG TEZHENG

贵州省属于贵州高原的主体部分。地势由西向东呈阶梯状下降，再由中部向东、南、北倾斜降低。全省山地居多，素有"八山一水一分田"之说。这儿的漏斗天坑、溶蚀洼地、溶洞等景观有很多。喜欢峰林、峰丛的朋友也可以来这儿"凑凑热闹"哟！

梵净山

"第一名山"不一般

梵净山原名"三山谷"，是贵州第一名山。这里孤峰突兀，断崖陡绝，沟谷深邃，瀑流跌宕。亿万年的风雨侵蚀，雕琢了老金顶附近的高山石林峰群，像"蘑菇石""老鹰岩""万卷书""将军头"等。

气候和资源

>> QIHOU HE ZIYUAN

珙桐

贵州省属亚热带湿润季风气候，气候温和湿润，冬无严寒，夏无酷暑。省内气候从东到西、从南到北、从低纬度到高纬度变化明显，形成了多种气候类型，有"一山分四季，十里不同天"的说法。这里的水资源丰富，流水蜿蜒于崇山峻岭间，时而奔腾穿泻于深峡幽谷，时而跌宕坠落于深涧。

贵州是著名的矿产资源大省，已发现矿产110多种，其中有76种探明了储量，有多种保有储量排在全国前列。煤炭储量大，有"江南煤海"之称。河流数量较多，长度在10千米以上的河流有984条，水位落差集中的河段多，开发条件优越。野生动物资源有1000余种，其中有黔金丝猴、黑叶猴、华南虎等14种国家一级保护动物；珍稀植物有70多种被列入国家珍稀濒危保护植物名录，其中银杉、珙桐、秃杉、桫椤等4种属国家一级保护植物。

旅游画廊

LUYOU HUALANG

🏔 黄果树大瀑布

黄果树大瀑布

黄果树风景名胜区分布着雄、奇、险、秀风格各异的大小 18 个瀑布，形成一个庞大的瀑布"家族"。在这个大家族中，最有名、最壮观的当然要数黄果树大瀑布啦。黄果树大瀑布是世界上唯一可以从上、下、前、后、左、右六个方位观赏的瀑布。这是因为在主瀑布后有一个水帘洞，长 130 多米，贯穿全瀑。在 6 月至 8 月的雨季时期，从瀑布背后的水帘洞里穿行而过，轰鸣的水声，飞溅的水珠，霭霭白雾，让你有如临仙境的感觉。当然，进入水帘洞领略黄果树大瀑布的雄奇和壮观的时候，你一定要记得穿上雨衣。另外，告诉你一个小秘密，在黄果树大瀑布前拍照一定要选好位置，在犀牛潭边上去拍瀑布，那里的景色、视角和取光是最理想的。

🏔 赤水丹霞

赤水丹霞位于贵州省赤水市境内，是早期丹霞地貌的代表，其面积达 1200 多平方千米，是全国面积最大、发育最美丽壮观的丹霞地貌。这里发育了最为典型的阶梯式河谷与最为壮观的丹霞瀑布群，保持了最完整、具有代表性的中亚热带森林生态系统和物种多样性，形成丹山、碧水、飞瀑、林海相结合的丹霞景观。

🏔 织金洞：溶洞传奇

织金洞

织金洞原名"打鸡洞"，位于贵州省织金县城东北的官寨乡。它是一座规模宏伟、造型奇特的洞穴资源宝库。

来到织金洞，你一定要去迎宾厅看看，迎宾厅厅顶有直径约 10 米的圆形天窗，阳光可以直射洞底；窗沿串串滴落的水珠，在阳光的照耀下，仿佛撒下千千万万枚金钱，被称为"圆光一洞天"，又名"落钱洞"。

侧壁旁有一个小厅，小厅里有一块 10 多米高的钟乳石，形状像核弹爆炸后冉冉升起的蘑菇云，因此这个小厅就叫"蘑菇云厅"。

是不是很奇妙啊？赶紧去看看吧！不过去织金洞旅游的最佳季节是初春到深秋，因为冬季山区较冷，不适宜旅游。还要记得穿长衫长裤去，注意保暖；因为织金洞里空气较凉，潮气较重，穿得太少，会感觉冷。

黔乡风情

▶▶ QIANXIANG FENGQING

苗族姑娘

🏔 高山顶上吹芦笙

每年农历正月初三、初四、初五这 3 天，是苗族的盛大节日——踩花山。苗家男女老少，穿金戴银，从四面八方赶到花杆山脚下，吹芦笙、弹响篾、踢脚架、耍大刀、斗牛、爬花杆等。

踩花山时，场上还有一群最惹人注目的"花蝴蝶"，她们就是穿着华丽衣服的苗族姑娘。她们互相赞美那些精工细作的银首饰和刺绣作品，这是她们展示自己聪明才智的最好机会。

🏔 白银世界的传说

精美的苗银花冠

苗族是一个像凤凰一般艳丽炫目的民族，苗族人创造的苗族服饰和银饰，足以令世界上所有人都大吃一惊。苗族银饰可分头饰、颈饰、胸饰、手饰、盛装饰和童帽饰等，都是由苗族银匠精心做成的，据说已有上千年历史。这些银饰既大又重，而且多，好些地方苗族女子全身的盛装银饰加起来有二三百两重。在苗族人看来，这是一种美与力量的展示，也是一种财富的展示。

🏔 贵州傩戏

贵州有很多古老的文化，其中最具代表性的就是贵州傩戏文化。

傩戏的演出形式很有特点。演员佩戴面具是傩戏区别于其他戏剧的重要特征。演出时，傩戏剧目是穿插在开坛等宗教法事活动中进行的，其间还会有捞油锅、过火炕、踩火砖、吞火吐火、踩刀梯等特技表演。

🏔 安顺蜡染

安顺蜡染是苗族、布依族世世代代流传下来的优秀民族民间传统工艺，是宝贵的非物质文化遗产。它是纯手工制作的，程序繁复、考究，其效果明快、质朴，极具研究和欣赏价值。

彩云之南——云南省

丰富的民族文化、动人的民族歌舞、美丽的服饰、精美的建筑，都使云南这片土地显得更加神奇和美丽，用"七彩云南"来描述这片土地是最合适不过的。只要踏上这片土地，总会有那么一个地方让人无比感动，徘徊流连。

地形特征

▶▶ DIXING TEZHENG

苍山洗马潭

来到云南，放眼望去，山地、高原引人瞩目，坝子在这儿星罗棋布。整体来看，云南省的地形分为两部分，东部为滇东、滇中高原；西部高山峡谷相间，高差相对较大，地势险峻。全省地势西北高、东南低，自西北向东南呈阶梯状逐级下降。

苍山洱海

苍山，又叫"点苍山"，山顶上分布着不少高山冰碛湖泊，18条溪水泻于19峰之间，滋润着山麓坝子里的土地，也点缀了苍山的风光。

洱海，是一个风光明媚的高原湖泊，形状狭长，据说特别像人的耳朵，所以叫"洱海"。传说从前有位仙女羡慕人间的生活，下凡来到洱海边，与一个青年渔民结了婚。为了让渔民打到更多的鱼，她把自己的一面宝镜放入海底，把鱼照得一清二楚。后来，那面宝镜在海底变成了金月亮，这就是洱海月。每当月出时分，你就能在洱海边看到一个明晃晃的"月亮"在水中跳跃嬉戏呢！

洱海

气候和资源

QIHOU HE ZIYUAN

云南省属亚热带、热带高原季风气候，气候的区域差异和垂直变化十分明显。南部湿热，高原四季如春，西北和东北部山地较为寒冷，表明了云南"立体气候"的特点。

云南被称为"有色金属王国"，全国160多种自然矿产中云南就有140多种，其中铜矿、锡矿等有色金属矿产产量居全国前列。

云南云集了从热带、亚热带至温带甚至寒带的植物品种。其中比较有特色的物种有望天树、跳舞草、丽江云杉、橡胶树、三七、酸角树等。云南动物资源也很丰富，其中滇金丝猴、绿孔雀、小熊猫、蟒、亚洲象、抗浪鱼、黑颈鹤等为特色物种。

云南省降雨充沛，河流众多，水资源丰富。

酸角树

仙人遗田

白水台位于香格里拉县东南部三坝乡的白地。早在唐宋年间，白水台就成为滇西一带有名的游览胜地。白水台是天然形成的华泉台地，由于该地水中含有大量的碳酸钙，泉水喷涌而出，经过阳光折射产生化学反应，日积月累，逐渐形成了形似梯田的奇观。

相传，纳西族的两位天神为了让当地的纳西族人学会造田耕地，特地变幻出来这样一片"梯田"，所以白水台又有"仙人遗田"的美称。

白水台

旅游画廊

▶▶ LUYOU HUALANG

丽江古城

🏯 小桥流水人家

丽江古城，又叫"大研镇"，位于云南省丽江市，坐落在丽江坝中部，美丽的玉龙雪山下。这是一座既有高原水城风貌，又有南方水乡韵味的古城，古朴的民居、青石板小路、红色的灯笼、桥下流水中的小鱼，构成了丽江古城独有的魅力与风情。

漫步在丽江古城悠长的小巷，踩着脚下光滑洁净的青石板路，看着完全手工建造的土木结构的房屋，以及无处不在的小桥流水，你会惊呼："这里就是寻梦的地方，真的好美！"

🏯 云南石林

云南石林"冬无严寒，夏无酷暑，四季如春"，是世界上唯一一个位于亚热带高原地区的喀斯特地貌风景区，素有"石林博物馆"的美誉。

石林地区，各种形状的奇峰怪石，平地挺起。有的矗立如林，有的峻拔如墙。有的石峰高达三四十米，也有的只有几米。天晴时，石峰呈灰白色，下雨时则变为褐黑色。置身石林，不仅可以得到自然美的享受，还可以了解当地风土人情。

🏯 香格里拉

在美丽的彩云之南，有一片神奇的土地。那里有神圣的雪山、幽深的峡谷、飞泻的瀑布、被森林环绕的宁静湖泊、徜徉在辽阔草原上的成群牛羊、净如明镜的天空，以及金碧辉煌的庙宇；那里是人间的天堂；那里，太阳和月亮就停泊在人们的心中；那里，有个香飘四溢的名字——香格里拉。

这儿有众多高山冰碛湖，其中黑海的水像墨一样黑，湖水幽深神秘，一年四季景色各不相同。最奇特的是，人们只要站在湖边大声呼喊几声，就会有细雨纷纷落下来，有时甚至会有暴雨倾盆而下，将人淋得像落汤鸡一样。这样的呼风唤雨，神话故事里的神仙才做得到吧？

Part18
第十八章

中国煤海——山西省

　　说起山西，给人印象最深刻的是煤矿资源。没错，山西是著名的煤炭大省，素有"煤炭之乡"的美誉。什么？这些黑色的煤块没意思？没事，那就去著名的乔家大院转转，领略一下"北方民居建筑史上一颗璀璨的明珠"的风采。平遥牛肉、汾阳杏花村汾酒、清徐老陈醋等传统名特产一定让你不虚此行。

地形特征

▶▶ DIXING TEZHENG

壶口瀑布

山西地处黄河流域中部，东有巍巍太行山作为天然屏障，西部、南部以黄河为堑，北跨绵绵长城。

　　要是你从空中俯瞰山西，就会看到一个自东北斜向西南的类似平行四边形的图案。别怀疑，这正是山西的"容貌"。瞧瞧吧，这儿有大片被黄土覆盖的山地、高原，高原内部起伏不平，河谷纵横，地貌类型复杂多样。山地、丘陵、台地、平原将山西大地装扮得魅力非凡。

五台山

　　说到山西省，还有一件事情不得不提：这个长得像平行四边形的"家伙"还拥有中国佛教名山五台山呢！五台山还是中国有名的避暑胜地，有"清凉山"的称号呢！到了夏天，你可以去五台山感受一下清凉世界的凉爽。

　　五台山是一座很有趣的高山。说它有趣，一是它的造型有趣，由5座山峰环抱而成；二是这5座山峰的峰顶有趣，它们不像其他高山，有像宝塔似的尖尖的顶，这5座峰的峰顶全部平坦又开阔，像土砌的台子，所以此山叫"五台山"。

气候和资源

山西属于温带大陆性季风气候，四季分明、雨热同期、光照充足。所以夏天的山西炎热多雨，冬天就对不起啦，你千万别去挨冻啊！因为山西地形特殊，南北温差也很大，总体气温是由北向南升高、由盆地向高山降低。

煤

山西省矿产资源极为丰富，已发现的地下矿种有 120 多种，其中，已探明储量的约有 70 种。煤层气、铝土矿、珍珠岩、镓等多种矿物的储量居全国前列。

🏔 资源大省

说到资源，山西可是闻名中外的"煤炭之乡"。目前，山西已查明的煤炭资源储量约占全国保有煤炭资源储量的 1/3。此外，山西的其他矿产资源，如铝、镓、沸石等的储量也在全国名列前茅。

不止矿产资源丰富，山西的植物资源也不可小视，如南方红豆杉、连香树、水曲柳、核桃楸、紫椴等，其中有很多种类是国家级保护植物；野生药用植物更是广泛地分布在丘陵、山地，比较著名的有党参、黄芪、连翘等。

山西野生动物以陆栖类为主，如褐马鸡、金雕、朱鹮、玉带海雕、遗鸥、原麝、林麝等，其中有很多种类是国家重点保护的珍稀动物。说到这里，让人不得不由衷赞叹：山西真是资源丰富！

遗鸥

晋地寻古

JINDI XUNGU

巾帼不让须眉的娘子关

娘子关，又称"苇泽关"，是万里长城的一个险要关口，也是出入山西的咽喉之地。这么重要的地方，怎么会叫"娘子关"呢？要知道在古代中国，女人可是毫无地位，只能在家里相夫教子的呀！

可是神州大地上，自古就不缺巾帼英雄！相传唐高祖的女儿——平阳公主为了御敌，曾率娘子军在这里驻守，所以这里被称为"娘子关"。

娘子关风景秀丽，其中的"娘子关瀑布"瀑流百尺，非常壮观。

不到晋祠，枉到太原

晋祠位于太原市西南，建造之初名叫"唐叔虞祠"，是为了纪念周武王的儿子叔虞而建造的。

晋祠内，周柏、难老泉和"圣母殿"内的42尊精美彩塑侍从像，被称为"晋祠三绝"。提到"难老泉"，你的脑海中闪现的第一个画面可能是：一位白头发、拄着拐棍、浑身散发着仙气的老爷爷；一眼长流不断、永不冻结、喝了就能长生不老的泉水。我想你一定是神话故事看多了。不过这里的难老泉的泉水不因旱涝而增减，泉水自岩石中涌出，清澈见底，口感清冽。所以，赶快去尝一尝这甘甜的泉水吧！

娘子关

Part19
第十九章

燕赵大地——河北省

说起河北，它的精彩绝对是你想象不到的！河北东临渤海，西接山西，北连辽宁和内蒙古自治区，南邻山东、河南两省，中部与北京、天津两市毗邻，既是首都与全国各地联系的通道，又是华北、西北各省区通向北方海上门户——天津港的必经之路，地理位置十分重要。在这片神奇的土地上，有着极富特色的地理现象。怎么样？准备启程吧！惊喜正一拨儿接一拨儿地等着你呢！

地形特征

▶▶ DIXING TEZHENG

如果说，北京好比扇贝上一颗闪亮的明珠，天津像一个装着水的"簸箕"，那么西北高、东南低，由西北向东南倾斜的河北又像什么呢？

河北西北部为山地、丘陵和高原，其间分布有盆地和谷地，中部和东南部为广阔的平原，海拔相差非常大，把它们比喻成一排高矮不一的"套娃"最合适了！你瞧，西北部的小五台山是"套娃"大哥，海拔有2882米；倒数第二的"套娃"弟弟，也就是东部平原，海拔在30～100米；最小的"小弟"渤海沿岸平原，海拔多在10米左右！算算它们的差距——足足2000多米呀！

🏔 天下第一关

万里长城就像一条巨龙，蜿蜒盘踞在神奇的中华大地上。位于秦皇岛市东北部的山海关，是明长城东端的一座重要的军事关隘，有"天下第一关"之称。山海关城与长城相连，以城为关，有四座主要城门，多种防御建筑。在历史上，山海关这个地方还发生了很多精彩的故事呢，你去了就知道了！

山海关

气候和资源

>> QIHOU HE ZIYUAN

河北省属中温带、暖温带大陆性季风气候，四季分明，冬季寒冷干燥，夏季炎热多雨，春季干旱、多风沙，秋季晴朗、寒暖适中。河北的资源也别具风采。全省植物资源丰富，动物资源也毫不逊色，其中我国特有的珍稀雉类褐马鸡，就能在河北小五台山及其附近山区看到。河北省还是中国的缺水省份之一，水资源严重不足，较有名气的只有安固里淖、白洋淀等内陆湖泊。

天鹅

城中的海

北戴河到底是河，还是海？哈哈，千万不要被它的名字给骗了！告诉你，北戴河千真万确是海，不是河！这片令人误会重重的海位于秦皇岛市中心的西部，它与北京、天津、秦皇岛、兴城、葫芦岛构成一条黄金旅游带！

这里还是中国九大观日处之一，假如你想赶早去看日出，千万别走冤枉路，去鸽子窝公园东北端的鹰角亭准没错！嘿，可别自大地以为就你会享受，每年春秋时节，成千上万只迁徙候鸟也来这儿"度假"，呈现出"万鸟临海"的壮观场景。如果你希望有一个更加丰富的收获，还可以随渔民一起出海撒网打鱼，体味乘风破浪、月夜泛舟的渔家生活哟！

石家庄长安公园冬景

华北明珠

白洋淀是河北第一大内陆湖，有"华北明珠"之誉。曾几下江南的康熙阅尽风光无数，因风阻行程驻足白洋淀，写诗赞道："可笑当年巡幸远，依稀吴越列行营。早知燕赵有此境，何必千里下江南！"

燕赵民俗

▶▶ YANZHAO MINSU

秦皇岛望海大会

望海大会俗称"逛码头"，每年农历五月初五在秦皇岛求仙入海处举行。据传，2200多年前，秦始皇为了求得长生不老药，命道士徐福携大批童男、童女前往东海寻求长生不老药，这一去，就再无音讯。据说是徐福求不到长生不死药，便转去了一个小岛，率众多童男、童女在小岛上繁衍生息，定居下来。

于是，每年到了五月初五，童男、童女的亲人便到入海处登高远眺，望眼欲穿，却只见烟海茫茫。

久而久之，望海便成了一种古老的民俗——望海大会。每到这个日子，人们便呼朋唤友，结伴而行，赶到秦皇岛"逛码头"。这时，海边聚满了人，非常热闹，到处是摆摊卖货的，如同赶集，胜似庙会，人们不仅浏览了码头的风景，还买到了货物，也可以去拾些海物。望海大会积淀着秦皇岛人民的淳朴民风，表现了人们希望与大海和谐相处，祈求大海风平浪静的愿望。

秦始皇求仙入海处的雕像

扔愁帽

在邯郸地区，每年除夕深夜，街上就会有很多被丢弃的旧帽或旧头巾，这就是邯郸的"扔愁帽"习俗。这些旧帽或旧头巾会在大年初一被扫到墙角，等到燃起"怕灵火"的晚上再将其烧毁。此举寓意是"去除旧愁，盼迎新福"。

"扔愁帽"的习俗据说起源于战国时期，相传秦国当时派大将章邯去攻打赵国，赵国人民在邯郸城被攻破后，纷纷摘商帽、扔士巾以便出逃。秦始皇统一天下后，对士服士帽、商服商帽进行了规定和统一，赵国人不忘亡国之恨，于夜深人静之时，将秦王规定的士服商帽扔到大街上去，很多人因此横遭杀害。后来为了反抗秦国统治，也为了避免遭受杀身之祸，邯郸人便在除夕以"辞旧迎新"之名，扔掉秦国规定要戴的商帽和士巾，说是驱赶一年的晦气。扔旧愁，迎新喜，官府亦无可奈何了。

齐鲁大地——山东省

　　山东历史悠久，是中国文化发祥地之一。在这片富有"威严"气质的土地上，风光秀丽的山川与悠久的历史文化古迹完美地融合在一起，形成了独具特色的景观。从济南、泰安、曲阜延伸到邹城的"山水圣人"旅游区，以青岛、烟台、威海为一体的海滨风光旅游区，以潍坊市区为中心的民俗旅游区等，一定会令你眼界大开。

地形特征
▶▶▶ DIXING TEZHENG

山东位于中国黄河下游、东部沿海地区，东临海洋，西靠大陆。中部山地突起，东部半岛大多是起伏和缓、谷宽坡缓的波状丘陵，西部、北部是黄河冲积而成的平原，是华北平原的一部分。

🏔 五岳独尊

　　泰山是山东省境内最著名的山，它不仅海拔高，还是中国历史上唯一受过皇帝封禅的名山，历经几千年的文化积淀。历代文人墨客都以登上泰山为傲。

　　你要是登上泰山，一定会发现，山上到处是石头，大石头、小石头、平石、圆石、尖石、怪石……不论是扇子崖那样拔地通天的巨岩，还是山涧的鹅卵石，块块不简单。很多人去了泰山，都要带回一块心爱的"泰山石"，作为书房的"镇房之宝"。

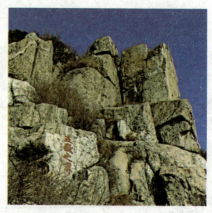

摩崖石刻

气候和资源
▶▶ QIHOU HE ZIYUAN

山东省气候温和，雨量集中，四季分明，属于暖温带季风气候。夏季盛行偏南风，炎热多雨；冬季多偏北风，寒冷干燥；春季天气多变，干旱少雨多风沙；秋季天气晴朗，冷暖适中。可以说，山东是一个非常适合生活、居住的省份。

　　说到资源，山东可谓地大物博。这里资源丰富、种类众多，储量占全国比例较高的有：石油、金矿、金刚石、石膏等。因为地形复杂、气候多样，山东生物资源也比较丰富，青岛百合、文昌鱼、中华鲟等珍稀动植物都有分布。

泉城 "明珠"

"四面荷花三面柳，一城山色半城湖"，这是泉城 "明珠"——大明湖的美丽写照。大明湖是由城内众泉汇流而成的天然湖泊，它水质清洌，天光云影，游鱼可见。

大明湖景色优美秀丽，湖上鸢飞鱼跃，画舫穿行；岸边杨柳荫浓，繁花似锦，游人如织；其间又点缀着各色亭、台、楼、阁，远山近水与晴空融为一色，犹如一幅巨大的彩色画卷。大明湖一年四季美景纷呈：春日，湖上暖风吹拂，柳丝轻摇，微波荡漾；夏日，湖中荷花迷人，葱绿片片，嫣红点点；秋日，湖中芦花飞舞，水鸟翱翔；冬日，湖面虽暂失碧波，但银装素裹，分外妖娆。

大明湖

趵突泉

荣成天鹅湖

胶东半岛最东段的荣成市成山镇内的成山卫天鹅湖，是中国北方最大的天鹅湖、世界著名天鹅湖之一。每年从 11 月份开始，北方的天鹅、大雁和野鸭陆陆续续飞到这里越冬，整个湖面洁白一片。洁白的天鹅孤高圣洁，嬉戏打闹，蔚为壮观。

千年礼乐

QIANNIAN LIYUE

天子封禅

岱庙又称 "东岳庙" "泰庙"，位于泰山南麓，是古代帝王奉祀泰山神、举行祭祀大典的场所。

封禅，是指中国古代帝王在太平盛世或天降祥瑞之时的祭祀天地的大型典礼。夏商周三代，已有封禅的传说。古人认为群山中泰山最高，为 "天下第一山"，因此帝王应到最高的泰山去祭拜天帝，才算受命于天。其实质则为巩固皇权，粉饰太平，带有一种君权神授的意味。

孔子的老家

在中国很多地方，都能看到规模宏大、红墙黄瓦的孔庙，而其中最大的一座，就

曲阜孔庙大成殿

在孔子的家乡——山东曲阜。

相传，孔子去世后一年，鲁哀公将他故居的 3 间老宅改建为庙，"岁时奉祀"。自西汉以来，历代帝王不断对孔庙进行重修、扩建，使得孔庙规模不断扩大。

都市风貌

▶▶ DUSHI FENGMAO

🏔 海上的长廊栈桥

栈桥坐落在青岛市南部的青岛湾，是中国著名的海上长廊。北端与青岛市最繁华的中山路相连，由海岸延伸入海，是青岛市的象征。

栈桥已有 100 多年的历史，始建于 1892 年，是当时唯一的一条海上"军火供给线"。也就是说，谁控制了栈桥，谁就控制了胶州湾。于是德军以演习为名，从栈桥所在的青岛湾登陆，以武力占领了青岛。栈桥也被重新修饰，先是将桥北端改为石基，用水泥铺面，接着又在南端钢制桥架上铺设木板，并建轻便铁轨，将桥身延长，仍为军用码头。此后栈桥又经历了上百年的风雨，屹立至今。

🏔 "中国第一钢塔"

建成于 1995 年的青岛电视塔位于青岛太平山北麓，塔高 232 米，堪称"中国第一钢塔"，在世界上仅次于迪拜铁塔、东方明珠电视塔、广州新电视塔、加拿大 CN 电视塔、哈尔滨龙塔、巴黎埃菲尔铁塔和日本东京电视塔。电视塔主体全部为钢结构，具有电视接收发射和旅游娱乐等多种功能。乘高速电梯升至 160 米的旋转餐厅，还可眺望海上日出，海天月色、岛城风光尽收眼底。该塔由塔冠、塔蝶、塔球三部分组成。作为青岛最高旅游景点，青岛电视塔 1997 年荣膺"青岛十大景点之一"的称号。

84

Part21
第二十一章

中原腹地——河南省

河南是华夏文明的发祥地之一。厚重的历史底蕴使其名扬中外。这里的景色美不胜收，这里的人文景观传承了数千年。若是你前来游览，一定要选一个天气晴好的日子，这样不论寻访古迹还是吃喝玩乐，都可以过得十分精彩。你准备好了吗？

地形特征

▶▶ DIXING TEZHENG

河南的地表形态复杂多样。假若你来河南，就好比进了一座大自然的博物馆。这里不仅有绵延高峻的山地，也有坦荡无垠的平原；既有波浪般起伏的丘陵，又有山丘环抱的盆地。太行山脉、秦岭山脉高高昂首，中岳嵩山耸立于低山丘陵之间，还有桐柏山、大别山的座座奇峰，巍然挺立。

🔺 龙门石窟

河南洛阳是中外闻名的历史名城，这里历史古迹非常多，其中龙门石窟更是举世闻名。龙门石窟依山势而建，开凿于北魏孝文帝太和年间，现存石窟1352个，佛龛750个，造像97000余尊，造像题记和碑碣3600多块，数量相当可观。

相传远古时期，这里原是一片湖水。突然有一天，天崩地裂，龙门山顷刻从中间裂开，汹涌的湖水从裂口倾出，奔腾咆哮着流向东海。水流过后，两山的崖壁上出现了无数蜂窝似的窟窿。窟窿内密密麻麻全是石像，有的眉清目秀，有的轮廓不清，千姿百态，十分壮观。虽然神话传说不足为信，不过石窟内的景象却是真的。

龙门石窟

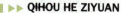

三门峡大坝

黄河

河南属暖温带－亚热带、湿润－半
湿润季风气候。春季干旱风沙多；
夏季炎热雨水丰沛；秋季晴和日照足；
冬季寒冷雨雪少。这里河流很多，大
多发源于西部山区，分属黄河、淮河、卫河、汉水四大水系；湖泊少，在山麓
和盆地有自流井和喷泉分布。假如想泡温泉，有很多眼天然热泉都在等着你呢。

黄河第一坝

　　黄河究竟是一条好河，还是一条坏河呢？从黄河的源头到宁夏回族自治区，
黄河水清澈见底，人们说它是一条有百利而无一害的好河；可是到了中游黄土高原
地带，黄河携卷着大量的泥沙，奔腾而来，咆哮而去，形成了世界著名的"黄色河
流"，就不那么可爱了。为了治黄河时常"闹脾气"的"臭毛病"，人们在河南省
三门峡市和山西省平陆县之间的黄河中游下段修建了三门峡大坝，被誉为"万里黄
河第一坝"。

　　三门峡大坝建成后，到了每年的蓄水期，从三门峡大坝到山西芮城大禹渡之
间，山光水色，相映如画。春秋冬三季，野鸭成群，大雁结队，珍贵的白天鹅飞翔在
蓝天碧水之间。而每年的泄洪期，怒涛翻卷，峡谷轰鸣，水花飞溅，彩虹凌空，蔚为
大观。这时候，站在三门峡大坝上就可饱览黄河的雄伟气势。

中原气韵

▶▶ ZHONGYUAN QIYUN

少林寺塔林

少林功夫

少林寺里有神奇

说起少林武术，你不陌生吧？电视剧、小说里，少林武术闻名天下。可是你知道吗，少林武术的孕育之地少林寺就位于河南嵩山东部少室山北麓，是一座著名的佛教寺院。寺内有许多特色建筑，还有 500 罗汉壁画以及少林寺练拳壁画等珍贵的文物。

要是你想了解更多的少林寺文化，可以选择在每年的农历四月初八，亲眼去目睹佛浴节的盛况。

河南梆子

中国有很多精彩的地方戏，豫剧就是其中很有特色的一个剧种。豫剧又叫"河南梆子""河南高调"，遍布全国各地，特别在河南、山西、陕西等地十分盛行。它的曲调高亢婉转，节奏鲜明。著名的剧目有《花木兰》《穆桂英挂帅》等。

牡丹花会

牡丹是中国名花之一，花朵硕大，花容端丽，雍容华贵，超逸群卉，素有"花王"之称。

唐朝时，牡丹被誉为"国花"，有"洛阳牡丹甲天下"的美名流传于世。每年 4 月，洛阳市内各公园牡丹竞放，姹紫嫣红，五彩缤纷，美不胜收。

豫剧《花木兰》剧照

江淮胜地——安徽省

安徽真是"山也奇来水也秀",当地民谣:"两根筷子夹着碗,屏障在西也在南,东面不平北边平,黄山胜过九华山。"这首民谣很好地概括了安徽省的地形地貌特点。说的是长江和淮河像两根筷子,中间夹着如碗的巢湖,西面的大别山和东南面的天目山如屏障,北边是一马平川的江淮平原,而皖南的黄山则是安徽的山水典范,九华山也毫不逊色,景色清幽。走,一起去看看锦绣多姿的安徽大地吧!

地形特征

DIXING TEZHENG

安徽地势西南高、东北低,地貌多样,以平原、丘陵、低山为主。长江、淮河横贯省境,将全省划分为淮北平原、江淮丘陵和皖南山区三大自然区域。

淮河以北,地势坦荡辽阔;江淮之间西耸崇山,东绵丘陵,山地岗丘逶迤不绝;皖南山区层峦叠嶂,峰奇岭峻。

天下第一奇山

黄山,就像一位武功高手,拥有四大"绝技":奇松、怪石、云海、温泉,它凭借这4点独步"江湖",威风凛凛。黄山还是一个大家族,山上有名峰72座。它们有的崔嵬雄浑,有的峻峭秀丽,以天都峰、莲花峰、光明顶三大主峰为中心向四面铺展开来。这些山峰调皮极了,有的"咚"的一下跌落成深壑幽谷,有的闷声不响地隆起成峰峦峭壁,真是"天下第一奇山"哪!

黄山西海大峡谷

黄山

气候和资源

>> QIHOU HE ZIYUAN

芜湖长江大桥

安徽地处暖温带与亚热带过渡地区。以淮河为分界线，北部属暖温带半湿润季风气候；南部属亚热带湿润季风气候。主要特征是气候温和，日照充足，季风明显，四季分明。

全年受季风气候影响，降水地区差异明显，年际变化很大，水旱灾害频发。水资源总量比较丰富，但时空分布不均衡。水能资源蕴藏量较大，绝大部分位于雨量较充沛、河道落差较大的皖西、皖南山区。

安徽还拥有丰富的矿产资源，已发现的矿产共150多种，产地达几千处。其中煤、铁、铜、硫铁矿、水泥用凝灰岩和明矾石的探明储量居多，是安徽省的优势矿产。

安徽因为气候环境良好，非常适合动植物繁殖，连扬子鳄、江豚这样的濒危动物都选择在这里休养生息。

活化石——扬子鳄

扬子鳄或称作"鼍"，是一种古老的爬行动物。在古老的中生代，它和恐龙一样，曾经称霸地球。后来，随着环境的变化，恐龙等许多爬行动物灭绝了，而扬子鳄和其他一些爬行动物却一直繁衍生存到今天。在扬子鳄身上，至今还可以找到先前恐龙类爬行动物的许多特征呢。所以，人们称扬子鳄为"活化石"。赶紧去动物园看看，看看扬子鳄是不是跟恐龙长得像呢？

扬子鳄

91

徽地寻古

▶▶ HUIDI XUNGU

棠樾牌坊群

棠樾牌坊群

　　棠樾牌坊群位于歙县郑村镇棠樾村，共7座，明建3座，清建4座。3座明坊为鲍灿坊、慈孝里坊、鲍象贤尚书坊；4座清坊为鲍文龄妻节孝坊、鲍漱芳父子乐善好施坊、鲍父渊节孝坊、鲍运昌孝子坊。7座牌坊古朴典雅，无论从前还是从后看，都以"忠、孝、节、义"为顺序。棠樾牌坊用质地优良的青石建造，既无一钉，也无一铆，石与石之间巧妙结合，历数百年不倒不败，堪称一绝。

别出心裁的牛形村落

　　宏村位于安徽省黄山西南麓，距今已近千年。聪明的古宏村人规划并建造了堪称"中华一绝"的牛形村落和人工水系。西头的雷岗巍然耸立，宛如"牛头"；村中的明清古建筑，如同庞大的牛的身躯；一条近千米长的清澈水渠，仿佛"牛肠"环绕全村，流经各家各户的门前；村中的半月形池塘——月沼，好比"牛胃"；水渠最后注入村南的湖泊——南湖，叫"牛肚"。整座村落就像一头大水牛，是建筑史上当之无愧的一大奇观。

醉翁亭

　　醉翁亭坐落在安徽省滁州市西南琅琊山麓，宋代大文学家欧阳修的传世之作《醉翁亭记》写的就是此亭。醉翁亭小巧独特，紧靠峻峭的山壁，飞檐凌空挑出。"醉翁之意不在酒，在乎山水之间也"。山虽不甚高，但清幽秀美，四季皆景。让泉、紫薇泉等山泉，泉泉甘洌，归云洞、雪鸿洞、重熙洞等岩洞，洞洞神奇。

Part23

第二十三章

鱼米之乡——江苏省

江苏地处美丽富饶的长江三角洲，境内平原辽阔，土地肥沃，物产丰富，历史上素有"鱼米之乡"的美誉。江苏还拥有丰富的旅游资源，既有小桥流水的古镇水乡，也有众口称颂的千年名刹，还有精巧雅致的古典园林，以及烟波浩渺的湖光山色。来吧，美丽的江苏欢迎你！

地形特征

DIXING TEZHENG

江苏省东临黄海，平原面积大，跨黄淮平原、江淮平原和长江中下游平原。山地仅限于西南部。假如你来了江苏，放眼一望，一定感到眼前"坦坦荡荡"。

江苏因长江、淮河分别流经南部和北部，京杭大运河纵贯南北，所以境内河湖众多，水路四通八达，鱼虾活蹦乱跳，被人们冠以"水乡"的美称。

油菜花

🏯 南京紫金山

"虎踞龙盘今胜昔"，历史上有人用"龙盘虎踞"来形容南京地势的雄伟险要。这个"龙盘"，就是指巍巍紫金山。紫金山三峰相连，好像一条巨龙盘卧在南京的东面。因山坡处露出红紫色页岩，在阳光照射下，紫金山会出现紫金色光芒。

紫金山周围名胜古迹甚多：南有紫霞洞、一人泉；山前正中有中山陵；西有梅花山、明孝陵、廖仲恺和何香凝墓；东有灵谷公园、邓演达墓；北有明代徐达、常遇春、李文忠等陵墓。

紫金山历经千年而郁郁葱葱，融古代文明、近代特色、山水园林、生态休闲于一体，有"金陵毓秀"的美誉。

太湖

气候和资源

▶▶ QIHOU HE ZIYUAN

江苏处于亚热带向暖温带的过渡区，气候温和，雨量适中，四季分明。江苏
省是一个资源丰富的省份，其矿产资源不仅储量丰富，而且质量较高，铌
钽矿、含钾砂页岩、凹凸棒石黏土、云母等资源储量居全国前列。

江苏的水资源、生物资源也很丰富，这里生活着许多世界著名的珍
稀濒危动植物，动物有麋鹿、丹顶鹤等，植物有秤锤树等。

🔺 太湖八百里，鱼虾捉不尽

太湖，中国五大淡水湖之一，位于江苏省南部，长江三角洲南侧。湖区有48座岛、
72座峰，湖光山色，相映生辉，处处体现着不带人工雕琢的自然美，
有"太湖天下秀"的美称。

太湖银鱼

太湖不仅景美，特产也很多。太湖白鱼就是其中之一。
太湖白鱼早在1300多年前，就被老百姓夸为"无锡第一鱼"。
相传明朝末年，清兵打入太湖，太湖渔民张三与清兵作战时，
手臂中箭，手中大刀掉入湖中。慌忙中，他弯腰从湖中拾
起一把银刀，把清兵杀得落荒而逃。事后，张三一瞧手中
兵器，原来是一条银光闪烁的白鱼。从此，太湖白鱼又被
称作"太湖银刀"。

与太湖白鱼齐名的还有太湖白虾。据说用太湖白虾做的"醉虾"端到桌上，虾还
在蹦跳呢！

🔺 四不像

四不像是什么？就是麋鹿，俗称"四不像"。雄性麋鹿有角，角像鹿、尾像驴、
蹄像牛、颈像骆驼，但从整体来看哪一种动物都不像，因此被称为"四不像"。麋
鹿原是我国特有的动物，现为国家一级保护动物。古人称麋鹿为"神兽"。现在中
国的麋鹿主要分布于江苏省、湖北省和北京市。

网师园

拙政园

江南名园

JIANGNAN MINGYUAN

原味苏州，古朴回忆

在苏州有一条弯弯曲曲的羊肠小巷——阔家头巷，世界名园网师园就在这里。

每逢3月到11月，网师园还夜夜举办"夜花园演出"，你可以欣赏到8个古装戏节目，如舞蹈、评弹、箫等。此时的网师园宫灯昏黄，与池水相映成景，仿佛让人回到了古代。

私家花园中的经典

位于江苏省苏州市娄门内东北街的拙政园是"苏州四大名园"之一，它是苏州园林中最大、最著名的一座，称得上是中国私家园林中的经典。

全园以水为中心，分东、中、西三部分，山水萦绕，亭榭精美，花木繁茂，充满诗情画意。东花园开阔疏朗，中花园是全园精华所在，西花园建筑精美，各具特色。

东方明珠——上海市

上海是一座历史悠久的文化城市，也是一个不断发展、日渐强盛的现代都市。在这里，外滩老式的西洋建筑与浦东现代的摩天大楼交相辉映；徐家汇大教堂圣诗声声，玉佛寺香烟袅袅；过街楼下的麻将老人，弄堂里的足球少年……现代化、国际化、时尚化的上海，热情地欢迎你的到来！

地形特征

▶▶ DIXING TEZHENG

上海位于美丽富饶的长江三角洲靠近海的部位，是一个平坦温润的地方。

这里地势平坦，土质疏松，海拔平均 3 ~ 5 米，真是"矮"得可怜！不过矮有矮的好处，在这里你可以欣赏到高山、高原没有的碟形洼地、碟缘高地，以及江口沙洲。

🏔 长江门户，东海瀛洲

崇明岛位于长江入海口，像一条可爱的春蚕，是我国第三大岛，也是世界上最大的沙岛。

崇明岛

崇明岛是新长江三角洲发育过程中的产物，它的原处是长江口外浅海。长江奔泻东下，流入河口地区时，由于比降减小，流速变缓等原因，所挟大量泥沙于此逐渐沉积，一面在长江口南北岸造成滨海平原，一面又在江中形成星罗棋布的河口沙洲。这样一来，崇明岛便逐渐成为一个典型的河口沙岛。它从露出水面到最后形成大岛，经历了千余年的涨坍变化。

气候和资源

QIHOU HE ZIYUAN

上海属亚热带季风性气候，气候温和湿润，四季分明，日照充分，雨量充沛。全年60%左右的雨量多集中在5～9月的汛期。这个时候去上海的朋友，一定要记得自备雨伞！

上海虽然矿产资源极其匮乏，然而在其他资源方面也不是全无优势。这里有众多的天然湖泊，螺、蚬、蚌等生物资源比较丰富。其稠密的水网，为淡水养殖提供了良好的条件。

上海市市花白玉兰

"母亲河"黄浦江

黄浦江是上海市的母亲河。它源于太湖，到吴淞口入长江。这儿还形成了一道奇景——黄浦江、长江和东海三股水流交汇，如果正值涨潮期，你便可看到著名的"三夹水"奇观：一道青灰色的水，这是黄浦江从市区带出的；一道绿色的水，这是东海水；一道夹有泥沙的黄色水，这是长江带来的。三股水形成色彩鲜明的对比，有趣极了！

风光秀美的淀山湖

淀山湖是上海最大的天然淡水湖泊，有"风吹芦苇倒，湖上渔舟飘，池塘荷花笑"的怡人景象。淀山湖的外围散落着享有盛名的朱家角古镇、上海大观园、东方绿舟、上海太阳岛、陈云纪念馆等旅游景区。要是你不嫌累，那就赶紧去体验体验吧！

上海夜景

历史文化

▶▶ LISHI WENHUA

🏯 没有弄堂，就没有上海

去北京，你一定会逛逛北京最具特色的胡同；那么到上海，你就一定不能错过弄堂。弄堂，是上海特有的民居形式。生活在 19 世纪中叶至 20 世纪后期的上海人在童年时代几乎都有与小朋友一起在弄堂中玩游戏的经历。如今这些人在网上戏称彼此为"弄友"。男孩子们玩的大多是打弹子、钉橄榄核、滚铁环、扯响铃等游戏，女孩子们则玩跳橡皮筋、跳房子、踢毽子等。

在旧时，上海弄堂中最为常见，同时也是最为热闹的是那些卖小吃点心的生意。上海的各条大街小巷，营造了一种浓浓的弄堂生活情韵。

上海新天地

想了解旧上海的记忆吗？那就去上海的弄堂看看吧，或许你会找到电影中旧上海滩的感觉呢。

豫园

🏯 献给父母的礼物

豫园是上海著名的古典园林，是明代曾任四川布政使的潘允端特地请著名园艺家为他的父母设计并建造的，有"豫悦老亲"（"豫"与"愉"同义）的意思，所以叫"豫园"。园区仰山堂东游廊口有一对铁狮子，好像活的一般，你可千万别被吓着；鱼乐榭的溪流上，有一垛隔水花墙，墙上有漏窗，墙下处有半洞门，水从洞门流出，伴有游鱼流过，十分有趣。要是运气好的话，你还可能与园内的 100 个不同字体的木雕"寿"字碰个正着！

千湖之省——湖北省

湖北因地处洞庭湖以北而得名，又称"千湖之省"。湖北的地理位置很特别，具有"九省通衢"的美誉。这里是楚文化的发源地，同时历史上还有"惟楚有才"的盛誉，可谓人文荟萃。楚地风景极有特色，有三峡奔涌的狂放，有赤壁的沉稳，古今融贯、刚柔兼备，这样的湖北怎能不让人心动呢？

地形特征

▶▶ DIXING TEZHENG

湖北省地势呈三面高起、中间低平、向南敞开、北有缺口的不完整盆地。山地、丘陵和平原兼备，地势高低相差悬殊，西部是号称"华中屋脊"的神农架，其最高峰神农顶，海拔达3106.2米；东部平原的监利县谭家渊附近，地面海拔高度为零。在这里，你能深刻体会到，地球地表如何一级一级像梯子一般的样子。

🏔 武当山

武当山位于湖北省北部十堰市境内，是中国名山。山上胜景很多，有72峰、36岩、24涧，处处有奇景。其中天柱峰海拔最高，像是把天都撑住了。武当山是一座道教名山，去了那里可以尝尝健康又美味的"道家斋饭"。

武当山

气候和资源

▶▶▶ QIHOU HE ZIYUAN

神农架林区

金丝猴

湖北地处亚热带，位于典型的季风区内。全省除高山地区外，大部分为亚热带季风气候，日照充足，热量丰富，无霜期长，降水充沛，雨热同季。但因境内地形复杂，气候不仅南北差异明显，东西差异也很显著。

湖北的水资源丰富。长江像一条巨大的飘带从这儿弯弯曲曲地飘过，众多湖泊如明珠、如玉盘，众星捧月般点缀着风吹稻花香的"千湖之省"。想不想一睹"洪湖水，浪打浪"的神奇秀美呢？那就来湖北吧！

🏔 "华中屋脊"——神农架

神农架林区位于湖北省西部边陲，包括多个景区。神农架拥有世界中纬度地区唯一保持完好的亚热带森林生态系统，动植物古老且珍稀。珙桐、银杏、红豆杉、冷杉、岩柏、梭罗等植物遮天蔽日；金丝猴、华南虎、金钱豹、白冠长尾雉、大鲵、白熊、苏门羚以及白鹤、金雕等飞禽走兽出没于草丛林间。

梭罗

🏔 洪湖

洪湖是江汉湖群中的"明星"湖泊，随着《洪湖赤卫队》而扬名天下。它是湖北省最大的淡水湖，拥有湖北有机物含量最丰富的湖水。这儿还是我国重要的淡水鱼产地。假如你想吃到味道鲜美的甲鱼、大闸蟹、乌龟、龙虾、黄鳝等，那就快来洪湖吧！

旅游民俗
>> LUYOU MINSU

🏛 樱花盛开的地方

武汉大学是全国重点大学。说起武汉大学，不得不提武汉大学的樱花。武汉大学校园以樱花而有名，被称为"世界最美丽的大学校园"之一。这里有樱花城堡、樱花大道、樱顶、珞珈广场等相关景点。每当寒冬过后，梅花凋谢之时，早樱开放，继而小樱花、垂枝樱花、晚樱等相继开放。盛开时节，樱园酷似花的海洋，成千上万的游客慕名而至，流连观赏，如醉如痴，大有"三月赏樱，唯有武大"的意趣。

除了樱花，武汉大学校园内中西合璧的宫殿式建筑也非常有韵味。这些早期建筑群古朴典雅，巍峨壮观，堪称"近现代中国大学校园建筑的佳作与典范"，如：宋卿体育馆、樱园老斋舍、老图书馆、半山庐、十八栋。这些建筑群气势雄伟，新老建筑交相辉映，相得益彰。

🏛 天下名楼——黄鹤楼

黄鹤楼，位于中国湖北省武汉市长江南岸武昌蛇山峰岭之上，始建于三国时代吴黄武二年（223年），距今已有1790多年历史。黄鹤楼被誉为"天下名楼"，吸引了历代众多著名文学家、诗人题咏，其中最著名的是唐代诗人崔颢"昔人已乘黄鹤去，此地空余黄鹤楼"的诗句。

黄鹤楼

🏛 三峡版画

三峡是长江的画廊。旖旎迷人的三峡风光，孕育了世代生活在三峡两岸人民的博大丰厚的艺术情愫，农民版画便是展示其才情的艺术之一，其中以夷陵区最为突出。地处鄂西长江西陵峡两岸的夷陵区，为巴楚文化之故地。山水钟灵毓秀，民风自然淳朴，孕育了别具特色的民间艺术形式——夷陵现代民间版画。

Part26
第二十六章

芙蓉潇湘——湖南省

湖南因全省大部分地处洞庭湖以南而得名，因省内最大河流湘江贯穿南北而简称"湘"，因自古广植木芙蓉而有"芙蓉国"之称。湖南自古人文荟萃、名人辈出，并且物产丰富。游胜迹，访名人，吃辣味，探桃源，和我一起走进潇湘大地吧！

地形特征

▶▶ DIXING TEZHENG

湖南地貌就像一幅灵动艳丽的湘绣图。其东、南、西三面环山，中部为丘陵盆地，北部平原、湖泊展布，呈朝北开口的不对称马蹄形。假若你对这只"马蹄"颇有兴趣，那么不妨亲自游览一番，潇湘山水定会给你别样的惊喜。

美景天堂——张家界

张家界位于湖南省西北部，是一个集秀丽、原始、集中、奇特、清新"五绝"于一身的"美景天堂"。而在张家界堪称一绝的，又要数桑植县的九天洞。九天洞因有九个天窗与洞顶地面相通而得名。洞内分上、中、下3层，最下层比地表还要低400多米。洞内有36个支洞交错相连，还有40余座大厅、10余座洞中山、6方千丘田、5座自生桥、3段阴河、3个天然湖、12瀑、3井等景。洞中风景是典型的喀斯特景观，石林密布，钟乳悬浮，岩浆铸成的各种精致景物婀娜多姿。对石笋、石柱、石幔、石花、石人、石兽感兴趣的同学，在这里完全可以大饱眼福。

气候和资源

▶▶ QIHOU HE ZIYUAN

湖南为亚热带湿润季风气候，具有三个特点：第一，光、热、水资源丰富，三者的高值又基本同步；第二，气候年内变化较大，冬寒冷而夏酷热，春温多变，秋温陡降，春夏多雨，秋冬干旱；第三，气候垂直变化最明显的地带为山地，尤以湘西与湘南山地更为显著。

湖南是一个充满水乡风情的地方。省内河流众多，这些水量充沛的河流，绝大部分流入洞庭湖，构成了一个沟通长江、扇子一般打开的洞庭湖水系。站立在湘江边，你能感受到绿幽幽的水带着神秘与柔柔的光芒，正自远处白云飞鸟间轻轻升起。

　　湖南很美，它的美延伸到地底下。这里素有"有色金属之乡"和"非金属矿之乡"的称号。湖南的植物种类也非常多，珍稀树种达 50 多种。植被丰富，自然有动物前来，华南虎、云豹、穿山甲、短尾猴等就是这里忠实的住家。

🏛 洞庭湖

　　洞庭湖位于湖南省北部，是长江中游对江水有重要调蓄作用的天然湖泊，也是湖南的"鱼米之乡"。洞庭湖是一个古老而又神奇的湖，浩瀚无际，自古就吸引着无数杰出的文人骚客吟咏、歌颂。范仲淹曾这样描述洞庭湖："衔远山，吞长江，浩浩汤汤，横无际涯，朝晖夕阴，气象万千。"

　　洞庭湖就像一幅壮美的画卷，画面上碧波万顷，浮光跃金，诗意荡漾。

古风今韵
▶▶ GUFENG JINYUN

🏛 长沙世界之窗

　　长沙世界之窗坐落于长沙市金鹰影视文化城，是一座综合性的大型主题公园。公园共有 100 多个景点供你游玩，其中欢乐谷让你尽情体会美国西部风光和印第安文化；神秘谷反映了绚丽多彩、风姿各异的亚洲各国文化；趣味盎然的娱乐城堡与超大比例玩具组合而成的妙趣横生的儿童乐园准保让你乐翻天。最神奇的是，你都不用怎么移动脚步，就能在这里玩遍世界上 120 个国家的名胜古迹。

长沙世界之窗

🏛 马王堆里的秘密

　　马王堆汉墓位于长沙市东郊的马王堆，是西汉初期长沙国丞相轪侯利苍及其家属的墓地。

　　马王堆汉墓共出土珍贵文物 3000 多件，绝大多数保存完好。其中有各种漆器，制作精致，纹饰华丽，光泽如新。出土的素纱禅衣，轻若烟雾，薄如蝉翼，织造技巧真是巧夺天工。马王堆汉墓还出土了一具享誉世界的西汉女尸，据考证是利苍的妻子辛追，死时年龄大约 50 岁。其出土时软组织有弹性，关节能活动，血管清晰可见，是世界考古史上前所未见的不腐湿尸。

千年学府

岳麓书院位于风景秀丽的岳麓山下，是中国古代的高等学府，始建于北宋，是一座名副其实的千年学府。

岳麓书院大门前，有一副闻名天下的对联，上曰"惟楚有才，于斯为盛"。在中国历史上，湖南涌现了一大批名人将士和伟人。

旅游民俗

▶▶ LÜYOU MINSU

岳阳楼与君山岛

岳阳楼位于湖南省岳阳市古城西门城墙之上，下瞰洞庭，前望君山，自古有"洞庭天下水，岳阳天下楼"之美誉，与湖北武昌黄鹤楼、江西南昌滕王阁并称为"江南三大名楼"。

离岳阳楼不远的地方还有一个君山岛。君山岛风景优美，是洞庭湖上一个孤岛，岛上有 72 个大小山峰。传说 4000 多年前，舜的两个妃子娥皇和女英得知舜死在了苍梧山，一路哭着来奔丧。她们来到君山，泪水滴到了竹子上，使竹子成了斑竹。斑竹很好找，你 到这儿就可以看见。

会"长脚"的房子

俗话说"高楼万丈平地起"，然而有时也会有例外。散布于湘西的吊脚楼就是这样。

湘西一带山多水多，世代聚居在这块土地上的土家、侗、苗等民族人们的一切活动也就与这山山水水分不开。这儿的吊脚楼是屹立于山水之上的一种独特的建筑。这种楼房虽然只有二三层高，但它"吊"在水面和山腰，好像空中楼阁，而且每栋楼房都是"长脚"的。这些"脚"其实是几根支撑楼房的粗大木桩，木桩深深地插在江水里，与搭在河岸上的另一边墙基共同支撑起一栋栋楼房；在山腰上，吊脚楼的前两只"脚"则稳稳地顶在低处，与另一边的墙基共同把楼房支撑平稳。

百闻不如一见，快去亲眼看一看吧，你一定会大有收获！

凤凰古城

革命摇篮——江西省

江西，古有"吴头楚尾，粤户闽庭"之称，为典型的江南鱼米之乡。江西风景名胜众多，文化遗产丰富。这里山清水秀，自古以来就是一个人才荟萃的地方。唐代诗人王勃在《滕王阁序》中就称江西"物华天宝，人杰地灵"。让我们一起去领略一下"秋水共长天一色"的江西吧！

地形特征

DIXING TEZHENG

江西省版图轮廓略呈长方形。东西省界明显长于南北，而北之宽又数倍于南，恰如一头昂首直立的海豹。全省除北部较为平坦外，东、西、南部三面环山，中部丘陵起伏，成为一个整体向鄱阳湖倾斜而朝北开口的巨大盆地。

五老夫子"没正形"

雄、奇、险、秀的庐山有90多座山峰，最有趣的要数五老峰。五老峰由5座山峰组成，像5个瘦骨嶙峋的老人并肩而坐。可是这5个老人偏偏坐没坐相，从不同的角度观察，它们给人以不同的想象：有的像盘着腿、捋着胡须在吟诗，有的像渔翁在垂钓，有的像一位仙风道骨的僧人在打坐，还有的像武士在高歌。这样的山是不是很奇特呢？如果想领略一番，建议你去海会镇海会寺，在那儿观看五老峰最为真切。唐代诗人李白曾写下"庐山东南五老峰，青天削出金芙蓉"的诗句来赞美它。

三清山

三清山又叫"少华山"，位于江西省东北部的怀玉山脉中段，最高峰海拔1817米。三清山兼具泰山之雄伟、黄山之奇秀、华山之险峻、衡山之烟云、青城山之清幽，被誉为"世界精品、人类瑰宝、精神玉境"。

在三清山南清园北部，有一柱高峰拔地而起，形状突兀，就像一条巨大的蟒蛇破山而出，直欲腾空而去。这条巨蟒其实是一个巨大的花岗岩石柱，名叫"巨蟒出山"，是三清山的标志性景观。如果你去了三清山，千万不要错过它。

三清山

气候和资源

▶▶ QIHOU HE ZIYUAN

水松林

江西地处北回归线附近，春季回暖较早，乍冷乍热，雨量偏多；一般来说盛夏至中秋前晴热干燥；冬季阴冷但无霜期长。全省气候温和，雨量充沛，为亚热带湿润季风气候。

在江西富饶的红土地下埋藏着许多矿产资源，稀土、钨、铜、钽铌、铀钍被誉为"五朵金花"。江西的动植物种类很多，植物如水松、金钱松、柳杉、江西杜鹃、柳叶蜡梅、井冈山猕猴桃、厚壁毛竹等，动物有大鲵、白鹤、黄腹角雉、扬子鳄、华南虎、梅花鹿等，其中有不少珍稀品种。江西山美水好，许多中小河流从东、南、西三个方向汇入中国最大的淡水湖——鄱阳湖，烟波浩渺，一望无际。

🏔 烟波浩渺的鄱阳湖

有这样一个湖：夏秋丰水期，它犹如大海一般壮阔，秋末冬初，成千上万只候鸟来这儿过冬，这里变成白鹤的天堂，天鹅的故乡；到了枯水期，芳草萋萋，草深过膝，它就是鄱阳湖，鄱阳湖是我国第二大湖，最大的淡水湖，也是世界上最大的候鸟栖身地。诗人余亚飞赞其："连江系海胸怀广，滋养生灵岁复年。"

鄱阳湖

千年之叹

▶▶ QIANNIAN ZHI TAN

🏯 滕王阁

滕王阁

滕王阁，位于中国江西省南昌市赣江畔，江南三大名楼之一。这里曾是历代封建士大夫们迎送和宴请宾客的地方。相传唐高宗年间，王勃在此写出了名传千古的《滕王阁序》，文章才气逼人，艳惊四座。因为这篇美文，滕王阁闻名天下。

历史上的滕王阁，屡毁屡建。今天的滕王阁主阁落成于1989年，是按照梁思成绘制的《重建滕王阁计划草图》重建的，是南昌市的标志性建筑之一。

🏯 白鹿洞书院

白鹿洞书院是"宋代四大书院"之一，位于庐山五老峰南麓后屏山下。白鹿洞书院说是"白鹿洞"，其实并没有洞，只是因为四周青山怀抱，看起来像是一个洞而已。不过白鹿洞书院有"白鹿"，却是不假。这头"白鹿"住在白鹿洞书院龙泉池一个石室里，口朝向洞外，是一只泥塑的白鹿。每当春末夏初，天气炎热，水汽上升，薄薄的烟雾冉冉升起，像是仙境。这样一个特别的"洞"，你想不想去探险一番呢？

白鹿洞书院

人间天堂——浙江省

浙江地处我国东南沿海、长江三角洲南翼，经济与文化比较发达，也是我国重要的旅游省份。这里山清水秀，文化资源丰富，名胜古迹也非常多。要是你来了这里，杭州丝绸、织锦、龙井茶等会给你不一样的惊喜。

地形特征

DIXING TEZHENG

浙江地形复杂，大部分是山地和丘陵，其次是平原和盆地，河流、湖泊相对较少，有"七山一水两分田"的说法。因为多山地和丘陵，浙江地势自然不那么平坦，总体由西南向东北倾斜，大致可以分为浙北平原、浙西丘陵、浙东丘陵、中部金衢盆地、浙南山地、东南沿海平原及滨海岛屿等。

浙江省自北向南有苕溪、京杭运河（浙江段）、钱塘江、甬江、灵江、瓯江、飞云江、鳌江等水系；有杭州西湖、绍兴东湖、嘉兴南湖、宁波东钱湖四大名湖及人工湖泊——千岛湖。

雁荡山

雁荡山位于浙江省温州市境内，主要有灵峰、灵岩、大龙湫、三折瀑、雁湖、显胜门、羊角洞、仙桥8个景区，有500多处景点，被誉为"海上名山，寰中绝胜"，史称"东南第一山"。因山顶有湖，芦苇茂密，结草为荡，南归秋雁多宿于此，因此得名雁荡山。

雁荡山

气候和资源

QIHOU HE ZIYUAN

千岛湖

浙江属亚热带季风性气候，四季分明，光照充足，雨量充沛。同时，气象灾害也比较多，如台风、暴雨、冰雹等。

虽说浙江是"七山一水两分田"，但比重并不大的水却像一个调皮的精灵，穿行在美丽的浙江大地，给你"水之灵秀"的观感。如果你想听潮声，请到浙江来，钱塘江、甬江、椒江等独流入海；峡谷、急流、九曲十八弯，带你进入迷人之境。

浙江的矿产资源以非金属矿产为主，明矾石、叶蜡石、凝灰岩储量居全国首位。这里的海洋能源资源也很丰富，舟山渔场是中国最大的渔场，盛产黄鱼、带鱼、乌贼等。浙江还是中国的"东南植物宝库"，不仅植物种类多、森林面积大，还是世界上保存古遗留植物最多的地区，银杏、百山祖冷杉等"活化石"树种就分布在这里。

西溪湿地

西溪国家湿地公园位于杭州市区西部，距西湖仅 5 千米，是罕见的城中次生湿地，被誉为"杭州之肺"。

西溪的水特别有灵气，6 条河流纵横交汇，众多的港汊和鱼塘分布其间。每当薄雾升腾，那景色真是"一曲溪流一曲烟"。

杭州西溪湿地

浙江古韵

ZHEJIANG GUYUN

盛行"走桥"之地

乌镇位于浙江省桐乡市北端，是一个美丽的江南古镇。这里的街道非常有意思，分成东、西、南、北4条老街，交叉成一个"十"字，并且古街与河流并行。更有趣的是乌镇的桥——这里的桥多得令你眼花缭乱，几乎每走100步就有1座桥。据说乌镇历史上桥梁最多时有120多座，就是现在也还有30多座呢！要是元宵节去乌镇，你会发现人们半夜三更去"走桥"，且至少要走10座桥，路线不可重复。这就是当地"走十桥"或"去百病"的习俗。

乌镇

仙灵隐居之地

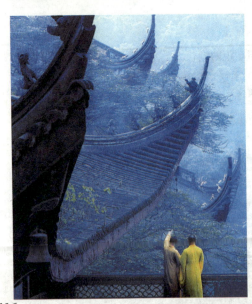
灵隐寺

灵隐寺位于杭州西湖西北面。相传最初是印度僧人慧理来到杭州，认为这里是"仙灵所隐"之地，于是建了一座寺庙，取名"灵隐"。到了清朝，康熙皇帝到灵隐寺游玩，寺里老和尚请他为寺院题块匾额。康熙大笔一挥，很快写了个大大的"雨"字。可"灵隐寺"的"灵"字按当时写法是"雨"字下面还有三个"口"和一个"巫"，这么多笔画怎么也摆不下了，怎么办呢？这时，一个机灵的随从暗示康熙给寺庙改个名，康熙于是写下了"云林禅寺"四个大字。这块匾直到现在悬挂了三百多年，可是老百姓并不买他的账，仍叫它"灵隐寺"。

东南侨乡——福建省

　　"碧海银滩，金山银山。"在中国得此赞誉，福建省当之无愧！福建位于中国东南沿海，东北与浙江省毗邻，西北与江西省接界，西南与广东省相连，东隔台湾海峡与台湾相望。这里依山傍海，海岸曲折，岛屿众多，由海路可以到达南亚、西亚、东非，是历史上"海上丝绸之路"的起点，也是海上商贸集散地、全国最大的侨乡。既然来了，我们就一同好好游览一下"山海一体，闽台同根，民俗奇异，宗教多元"的福建吧！

地形特征

DIXING TEZHENG

福建多山，境内山岭耸立，低丘起伏，河谷和盆地交错其间。山地、丘陵面积大，分布广，占全省总面积的80%以上。福建临海，长长的海岸线像一道美丽的花边，装点着福建。这里有许多美丽的海滨港湾，还有众多海岛与之隔海相望。

奇秀甲东南的武夷山

　　在中国福建省西北部，有一座丹山碧水的名山——武夷山。那里的峰峦是会"隐身术"的，一会儿在云海的这一边探出头来，一会儿又藏到了云海的那一端，要是你仔细倾听，几乎能听到嘻嘻哈哈的打闹声。武夷山的美还不止如此，在那丹霞赤壁之上，不知是谁的巧手，鬼斧神工般凿出几百个大小不一、形态各异的洞穴。更奇的是，大洞套着小洞，好像满天星斗形成的一个个星座。

武夷山九曲溪

气候和资源

▶▶ QIHOU HE ZIYUAN

福建属亚热带海洋性季风气候，西北有高峻的武夷山脉作为屏障，削弱了冷空气的入侵；东濒海洋，暖湿的海洋气流不断向内陆输送，春夏雨多，夏秋有台风，有时甚至还会有冰雹降落。

如果说福建的气候"性格怪异"，那资源可就"表现很优秀"了。福建的不少资源总量在全国居首位，森林资源、海洋资源、水资源，以及非金属矿产都占有很重要的地位。银杏、金钱松、罗汉松等还是白垩纪时期遗留下来的古老植物。猕猴、大小灵猫、黄腹角雉、红嘴相思鸟等更是我国的珍稀保护动物。

猕猴

🏯 闽江

闽江是中国福建省最大的河流。闽江是一条奇秀清澈又雄浑宽阔的河流。在大海与闽江的交汇处，有5座巨大的礁石，这5座礁石面目峥嵘怪异，犹如5只猛虎正监视着浩瀚的大海。这就是朱熹曾赞誉过的"五虎礁"，人称"五虎守门"，它和长门古炮台一起，构成了闽江入海口的天险防卫。

渔山岛五虎礁

🏯 半洋石帆

位于福建平潭岛西北处海面的半洋石帆，是在我国目前发现的最大的花岗岩球状风化海蚀柱。两块巨石就像鼓起的风帆，而托起"船帆"的石岛好比船身。这艘"不沉之舟"与福建人顽强而勇敢地奔向大海的历史，构成了奇妙的呼应。

半洋石帆

光影画廊
▶▶ GUANGYING HUALANG

🏛 骑车去环岛路

　　福建鼓浪屿环岛路是厦门国际马拉松比赛的主赛道，被誉为"世界最美的马拉松赛道"，位于厦门岛东南部，全长31千米。其中，从厦门大学到前埔的一段海岸，长约9千米，称为"黄金海岸线"，是集旅游、观光和休闲娱乐于一体的海滨绿色长廊。

　　从演武路至白城段的环岛路，与岸同高，是一条呈"S"形的流线型路段。有趣的是，桥梁造型为鱼腹式，桥墩为椭圆型，这二者共同形成了美丽的观海长廊。人们可以从不同角度，不同层次，不同侧面观赏海岸、沙滩、海浪等景色。

陈嘉庚先生铜像

🏛 别错过集美学村

　　集美学村位于著名的侨乡集美镇，由爱国华侨陈嘉庚先生于1913年创办，是一个享誉东南亚的美丽学村。集美学村规模宏大，设备齐全，有大学、中学、小学，还有幼儿园。学校建筑融中西风格于一体。集美吸引人的，还有当地小吃。著名的灌口卤鸭、灌口顶许狗肉、灌口猪蹄髈、黄则和花生汤、图里春卷等，非常美味。这样一个好玩又长见识的地方，哪能错过呢？

🏛 最美滩涂

　　霞浦县松港街道北岐村海边风光如画，影友如织。霞浦滩涂风光旖旎，2012年被《数码摄影》杂志列为"中国最值得拍摄的80个绝美之地"之一，并成为22大摄影胜地之一，被重点推荐。

霞浦滩涂

祖国宝岛——台湾省

自古以来台湾就是我国的神圣领土。从三国时代开始，中国人民便逐渐开拓、经营台湾，到1885年正式建立行省。美丽富饶的台湾岛，自然资源丰富，有"祖国宝岛"之称。美丽的宝岛像依偎在大陆身旁的小家碧玉，将时尚与古朴完美地融合到一起。

地形特征
▶▶ DIXING TEZHENG

台湾地形中间高四周低，山多平原少，山高水急，河川与山脉形成横谷，多峡谷。台湾有5种地形：台地、平原、高山、盆地及丘陵。其中高山和丘陵面积占了全岛总面积的2/3，东部和中部大部分地区是高山和丘陵。

🏔 澎湖列岛

澎湖列岛位于台湾海峡东南部，是大陆文化传入台湾的"跳板"，被誉为"东南锁钥"。

澎湖列岛风景十分优美，著名的有"风柜涛声""鲸鱼洞""玄武岩"等。这里还是一个著名的渔港，盛产鲳鱼、鲣鱼、石花菜、海人草等。

气候和资源
▶▶ QIHOU HE ZIYUAN

台湾省北部属亚热带季风气候，南部属热带季风气候，年均气温比香港、澳门低多了。台湾虽然纬度不高，可是与香港、澳门相比，河网密布，河谷深邃，加上山地、丘陵众多，境内有高海拔山峰，冬天还有积雪，气温很低。

台湾是一个各方面都很"富有"的"宝岛"，它的地质构造复杂，矿藏

澎湖玄武岩

极其丰富，硫黄、金、铜、天然气和煤是台湾主要的矿产资源。其生物资源种类繁多，森林面积占全岛1/2以上，被称为"绿色宝岛"。岛上有很多世界濒危物种，植物有台湾杉、铁杉，动物有台湾猕猴等。另有消暑佳果莲雾广为种植。台湾降水丰沛，但分布不均。春天有梅雨季，夏秋时午后常有雷阵雨，冬天的台湾北部也有丰沛的雨量。但台湾河川短小流急，许多降水很快流入海洋。且因气候有时不规律，梅雨季有时有时无，因此干季末期处于东北季风背风坡的中南部地区时常面临着缺水的问题。

莲雾

台湾的"天池"

在美丽的宝岛台湾中部的南投县，有一个天然湖泊日月潭，它被誉为台湾的"天池"，拥有"青山拥碧水，明潭抱绿珠"的美景。日月潭位于玉山和阿里山之间的断裂盆地。潭分两部分，北半部形状像日轮，南半部形状像月钩，所以叫"日月潭"。日月潭潭水碧蓝无垠，青山葱翠倒映，环山抱水，到台湾游玩的朋友，这里可不能错过！

光辉岁月
▶▶ GUANGHUI SUIYUE

台北孔庙

台北孔庙创建于清光绪年间，采用山东曲阜本庙建筑，梁柱门窗都不刻字，门口也没有放置石狮，显得朴实又庄严。台北孔庙以大成殿为主，站在大成殿外，可以看到中间的屋顶上有一对圆筒，叫"藏经筒"。孔庙建有藏经筒，以表达对读书人爱书精神的敬佩。

台湾最古老的城堡

安平古堡，古时候称"热兰遮城"，是荷兰人侵占台湾时建造的。古堡建筑屋舍全部用红色砖瓦，建墙所用砖块全部从巴达维亚（今印度尼西亚首都雅加达）进口，以糯米汁、糖浆、砂与牡蛎壳粉调制成混凝土筑构而成，十分坚固。在开裂的砖墙上，还可以清晰地看到牡蛎壳呢！

安平古堡

宝岛风光

BAODAO FENGGUANG

🏛 阿里山

阿里山海芋

阿里山是台湾的著名旅游风景区，位于台湾嘉义县东75千米。阿里山虽不算高，但以神木、樱花、云海、日出四大胜景而驰誉全球，故有"不到阿里山，不知台湾的美丽"之说。由于山区气候温和，盛夏时依然清爽宜人，加上林木葱翠，是全台湾最理想的避暑胜地。

🏛 嘉南平原

在台湾，不论搭乘什么交通工具，只要由北往南走，经过浊水溪之后，就是嘉南平原了。如果将台湾比作一条肥美的虱目鱼，那么嘉南平原就是虱目鱼身上那银白、肥厚的肚腹。

这个肥美的"肚腹"物产丰饶，大片大片的农田有当地人忙碌耕作的身影，那些汁多体大的菠萝，更是连成满目的橙黄，十分惹眼。

🏛 台北 101

在台湾有一幢高得不可思议的摩天大楼——台北101，又叫"台北国际金融中心"。它包括地上101层、地下5层，是目前世界上最高的大楼之一。大楼拥有世界最快速电梯，仅仅37秒就可从5楼直达89楼观景台，这样的"火箭"速度已被列入吉尼斯世界纪录。

🏛 姊妹潭

姊妹潭

阿里山还有一个著名的景点，就是姊妹潭，是两个大小不同的相近湖泊。姊妹潭湖区有一座以桧木为基座的相思亭，而姊妹潭周围有长180米的环潭步道。潭名的由来，还有一段凄美的故事呢。相传有一对原住民姐妹同时爱上一名男子，但因彼此不愿伤害姐妹间的情谊不忍心横刀夺爱，于是她们只好带着莫名的抑郁和悲伤双双以死殉情，化为二潭。

八桂之乡——广西壮族自治区

　　素有"八桂之乡"之称的广西壮族自治区地处中国南疆，是中国唯一既沿海又沿边的少数民族自治区。这里地处亚热带，青山绿水，气候宜人，山峰奇特，原始森林茂密，江河溪流清澈，景色极为迷人。自治区内还聚居着许多少数民族，各民族独特的节日文化、衣食住行等组成了一幅幅古朴醇厚的风俗画。

地形特征

DIXING TEZHENG

　　广西壮族自治区位于云贵高原东南边缘、两广丘陵西部，南临北部湾，四周被越城岭、大容山、云开大山、六万大山等山岭环绕，形成一个有许多"缺口"的盆地地形。整个自治区地势大体为自西北向东南倾斜。

逢山必有洞

　　到广西，有一个地方是非去不可的，那就是桂林。

　　桂林市位于广西壮族自治区东北部，是一座具有丰厚文化底蕴的古城。这里的山平地拔起，千姿百态；这里的水蜿蜒曲折，明洁如镜。这里逢山必有洞，而最奇特的莫过于石山"脚洞"。脚洞是在石山山脚形成的洞穴，一般沿地下水面形成，所以脚洞洞顶都是很平坦的。又因为脚洞是地面水流入石山体内的通路，脚洞洞口一般比洞内高，这样也就把闷热的空气阻挡在外面了，所以洞内特别凉快，很多人夏天特地到这儿来避暑呢！

桂林山水

气候和资源

▶▶ QIHOU HE ZIYUAN

广西壮族自治区地处北回归线两侧，为亚热带季风气候，冬温夏热，气温由北往南递增。自治区内降水丰富，多集中在5～9月。

你要是去了广西壮族自治区，一定会惊讶于那里清澈幽深、激流广布的水流之美。看吧，大大小小的河流好像是商量好了似的，齐头并进，自西北流向东南，远远望去就好像一根巨大的"树枝"在那儿摇曳、轻舞。

🏔 跨国大瀑布

喜欢旅行的朋友都愿意去国外转转，可谁能想到，一条瀑布居然也要出国！德天瀑布就是这样一条与众不同的瀑布，它横跨中国、越南两个国家，是"亚洲第一大跨国瀑布"。它起源于广西壮族自治区百色市靖西县归春河，终年有水，一路奔腾流入越南，可终究还是眷恋故土，所以又绕回广西。经过崇左市大新县德天村时，江水从几十米高的山崖上"蹦"下来，撞在坚石上，水花四溅，水雾迷蒙，就像一条巨大的白练从天而降，好不威风！

德天瀑布

历史的脚印

▶▶ LISHI DE JIAOYIN

黄姚古镇

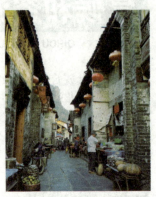

黄姚镇是有着近千年历史的古镇，发祥于宋朝年间，因为镇上的人大多姓黄、姚，所以叫"黄姚镇"。现在古镇完整地保存着8条青色石板街，房屋也大多保持着明清特色。走在黄姚古镇，欣赏古朴的风景自然不在话下。到了那里，热情的黄姚孩子一定会怂恿你晚上去放烟花和吃烧烤。怎么样，在古镇有个好朋友，很不错吧？

黄姚古镇

经略台真武阁

经略台真武阁

经略台真武阁位于容县城东绣江北岸的一座石台上，是一座不可思议的建筑，它的神奇之处体现在三个方面：

一是地基没有坚硬的石头，也没有牢固的钢筋水泥，而是建在砂堆上，历经千年而不倒；二是全部楼阁不用一颗钉子，却稳如泰山；三是二楼中连接三楼、一楼的四根大柱子承受千斤的重量，却能悬在空中而不落地。

这样神奇的楼阁，到底是什么人在什么时候建造出来的呢？至今没人说得清，也没人相信这是凡人能做到的，于是当地人便说这是"仙师"鲁班造出来的。

冲出江面的花山岩画

花山岩画

在广西有一座隐藏着千古之谜的石山。石山陡峭的崖壁上，刻满了充满神秘色彩的古画，那就是宁明花山岩画。这些岩画色彩艳丽、画面宽大、图像繁多、画技精湛，且大多冲出江面，足足高出水面20～40米。专家考证说这些岩画距今已有2000多年的历史了。那么，经历了这么多年风雨的岩画颜色依然非常鲜艳，古人是用什么颜料作画的呢？在刀削一般险峻的崖壁上，这些图像又是怎么画上去的呢？聪明的你，能找到答案吗？

天涯海角——海南省

海南省位于中国最南端，北隔琼州海峡与广东雷州半岛相望，西临北部湾与越南相对，东濒南海与台湾相望，南边在南海中与菲律宾、文莱和马来西亚等国为邻。海南岛是中国最美丽的岛屿之一，也是世界最美丽的岛屿之一。海南分热带与亚热带区域，长夏无冬。当北国千里冰封的时候，这里依然暖风和煦。不要犹豫了，快来海南吧！

地形特征

▶▶ DIXING TEZHENG

海南省的管辖范围包括海南岛、西沙群岛、南沙群岛、中沙群岛的岛礁及其海域。热带天然林约占全省森林面积的一半。海南岛四周低平，中间高耸，地势以五指山、黎母岭为隆起核心，向外围逐级下降。山地、丘陵、台地、平原构成环形层状地貌，梯级结构明显。这像什么呢？哈哈，多像一只背着龟壳的神龟呀！

五指山

翡翠山城

五指山市位于海南岛中南部，因其境内的五指山而得名。五指山市群山环抱，森林茂密，是有名的"翡翠山城"。来到这里，你会惊喜地看到菠萝蜜、椰子树以及美丽的凤凰树。你要是睁大眼睛留心观察，还能看到当地黎族同胞身上传统而神秘的文身图案呢！

鸟的天堂

美丽的西沙群岛位于南海西北部，由大小几十个岛组成。岛上鸟类众多，有鲣鸟、乌燕鸥、黑枕燕鸥等，在整个树林上空高飞低旋，这里活脱脱就是一个"鸟的天堂"。要是你来了，也许鸟儿们会亲切地同你交谈呢！不过来之前要先做好充足的准备，买足食物装进包里，以备不时之需，因为在西沙群岛虽然可以吃到各种海鲜，但是当地吃的蔬菜大都是补给船从陆地运过去的。

气候和资源

▶▶ QIHOU HE ZIYUAN

相比福建与广东，海中之岛海南遭受的台风灾害就更多了，这里常年有大风。

海南地处热带北缘，属热带季风气候，素有"天然大温室"的美称。这里长夏无冬，光温充足，光合潜力高。海南岛入春早，升温快，日温差大，全年无霜冻，冬季温暖，稻可三熟，菜满四季，是我国南方育种的理想基地。

这里四周低平，天生爱往低处流的水便很识相地从中部山区、丘陵向四周倾洒，最后流入大海。你要是想来海南看大河、长河，估计要失望喽。

海南已探明有工业储量的矿产资源约有 70 种，其中富铁矿、锆英石、石英砂等储量居全国前列，钴、锰、铜、石油、天然气、钛等储量也相当丰富。海南岛有十分珍贵的热带雨林和热带季雨林，动植物种类繁多。怎么样，这里每一片土地都是无价之宝吧？

琼台怀古

▶▶ QIONGTAI HUAIGU

🏛 五公祠

历史上，海南是一个荒僻边远的地方，要是哪位大官犯了法，或者惹皇帝生气了，大多会被流放到这里，作为惩罚。唐宋时期，先后有五位历史名臣被流放到这里，他们是唐朝名相李德裕、宋朝宰相李纲、赵鼎以及宋朝名臣李光、胡铨。后来，人们为了纪念他们，在海口市琼山区建立了"五公祠"。

五公祠内的浮粟泉的水特别甜。这儿的泉水不仅甘甜，还有一个神奇之处。传说只要在井旁用脚一跺，井底下就会源源不断往外冒出水泡。过去人们觉得这预示着来年一定会财源滚滚，生活蒸蒸日上，很多有钱人还特地远道而来，到井边踏上几脚呢。你也赶紧去踏一脚吧，看看它是不是像传说中的那样神奇。

浮粟泉

"海青天"

中国古代有两位"包公"，一位是"包青天"包拯大人，还有一位是海瑞，人称"南包公"。海瑞是广东琼山人，一生刚直不阿，多次犯颜直谏，并平反多起冤案，被誉为"海青天"。

海瑞墓坐落在海口市秀英区的滨涯村，始建于明万历年间，是明朝皇帝派官员监督修建的。据说当年海瑞去世后，灵柩抬到这儿时，抬灵柩的绳子突然断了，人们认为这是海瑞自己选的墓地，于是便将他安葬在这里。海瑞墓有3米高，圆顶，用花岗石砌成。墓两旁竖立着石人、石羊、石马、石狮、石龟等石雕。整个墓园，绿草如茵，风格独特，是人们瞻仰古贤、欣赏文物的游览胜地。

度假天堂

DUJIA TIANTANG

热带滨海旅游城

三亚市位于海南岛最南端，是享誉国内外的热带滨海旅游城市，也是一个超级好玩的地方。要是胆儿够大，你可以去海底潜水，看看鱼类世界。什么？太刺激，受不了？那就依着海边，懒洋洋地晒太阳、看日落、吹晚风、赏烟花、放风筝、骑单车，一切随你。

美丽椰岛

海南岛是椰子的王国，不论在哪个季节、哪个角落，都可以见到高大挺拔、硕果累累的椰子树。所以到了这里，甜滑的椰子汁保证让你喝个饱。不过，当你去了海南，在路边走的时候要当心别被落下的椰子砸着。

到海南岛还有一乐，那就是去游"猕猴岛"。这里猴子成群，树木山石之间、花草洞穴之中，到处是它们闹翻天的身影，那情景就好像到了孙悟空的大本营——花果山。

请到天涯海角来

天涯海角游览区，位于三亚市区西南23千米处，背对马岭山，面向茫茫大海，是海南省第一旅游名胜。这里海水澄碧，烟波浩瀚，帆影点点，椰林婆娑，奇石林立，水天一色。海湾沙滩上大小石块遍布，"天涯石""海角石""日月石"和"南天一柱"突兀耸立其间，昂首天外，峥嵘壮观。

百越之地——广东省

广东省地处中国大陆最南部，属于东亚季风区，从北向南分别为中亚热带、南亚热带和热带气候，是全国光、热和水资源最丰富的地区之一。1978年以来，广东省在全国率先实行改革开放政策，已成为中国第一经济大省。

地形特征

▶▶ DIXING TEZHENG

广东地形复杂，有山地、丘陵、台地、平原，其中山地、丘陵面积较广。丘陵分布于山地四周，由花岗岩侵入砂页岩所形成的丘陵排列凌乱，坡度较缓。平原、台地主要分布在南部沿海和各江中下游谷地，平原中以珠江三角洲和潮汕平原较大。

🏔 美丽奇景丹霞山

丹霞山是广东四大名山之一。它有黄山的奇、华山的险以及桂林的秀美，然而最吸引人的还是丹霞山上的千年未解之谜：

一、燕岩神钟之谜。在丹霞山有一座高大的山寨叫燕岩，山寨半山腰的险峻处有一座寺庙叫"燕岩岩庙"，据说这里冬无虱蚤，夏无蚊蝇，连蜘蛛都没有。尤其燕岩岩庙的那口不同寻常的神钟，有时会自动发出"呜呜"的声音，非常奇特。

二、金童玉女之谜。丹霞山上其实有一座地下迷宫，是一个石灰岩大溶洞，洞内石笋钟乳琳琅满目，洞口方向有两条蟠龙，再往前走就是地下河、银河滩、金童玉女……可惜后来被不知情的人毁坏了。现在，仁化县旅游资源探查者们正努力让这个地下迷宫再展风采。

丹霞山

气候和资源

▶▶ QIHOU HE ZIYUAN

广东省气候资源十分丰富。其境内河流众多，雨量丰沛，这些河流流量大，含沙量小，汛期长，终年不冻。广东省是一个光、热、水资源特别丰富的地区，但也是遭受台风侵袭最频繁的省份之一。广东的野生动植物资源非常多，水松、苏铁、树蕨等被称为广东的"活化石"，白鹇、华南虎、中华白海豚更是鼎鼎有名。广东的石油和天然气资源也很丰富。从资源的角度来说，广东真是个"大富翁"呢！

星湖

🔲 星湖

星湖位于肇庆市北，坐落在7座山峰脚下。7座山峰排列得像北斗七星，所以又叫"七星岩"。七星岩周围的湖区也就统称为"星湖"。到了星湖，除了欣赏景色各异的6大湖区，还有机会听听山歌，或者干脆做个"蜘蛛侠"，沿着悬崖峭壁攀登"天下第一石"。对于"小馋猫"们来说，去这里的饭店吃吃杏花鸡，尝尝杏花酒，再试试山果野菜，真是棒极了！

中华白海豚

历史的痕迹

▶▶ LISHI DE HENJI

🔲 南越王墓

南越王墓，是中国西汉时期南越国第二代王赵眜的陵墓，位于广州市解放北路象岗山上。赵眜是南越国建国的第一代君王赵佗的孙子，号称"南越文帝"。

南越王墓是岭南地区已发现的陵墓当中，规模最大、随葬品最多、墓主人身份最高的陵墓。出土的文物有生活中见不到的铜器、看起来"土得掉渣儿"的乐器，以及曾经威风八面的青铜兵器，当然，也有做工精致的玉器和陶器等。在所有这些价值连城的宝物中，"文帝行玺金印"可以说是"镇墓之宝"。

虎门炮台

虎门炮台内联狮子洋，外濒伶仃洋，像一双大手紧紧扼住珠江出海道的咽喉，其南通大海，北抵广州黄埔港，具有非常重要的军事意义。清代民族英雄林则徐、关天培曾在这里修筑炮台、设置大炮。炮台间系有铁链，水中隐藏有木桩、排链，在鸦片战争中，屡挫英国侵略军的进犯，被誉为"金锁铜关"。

现代风貌

▶▶ XIANDAI FENGMAO

第一经济特区

经济特区是在国内划定一定范围，在对外经济活动中采取比较开放和灵活的特殊政策的特定地区。深圳是中国改革开放后建立的第一个经济特区。自1980年以来，深圳经济飞速发展，创造了前所未有的"特区速度"，成为中国人均出口创汇最高的地区。在全国5个经济特区中，珠海和汕头也在广东。

万山岛

万山岛处于南亚热带海区，位于珠江出海口，气候、水文、水质都十分适合鱼类生长。这里的"万山渔场"就是"中国四大渔场"之一。

如果你爱好旅行，又不想错过舌尖上的享受，万山渔场是一个不错的选择。这里有被称为"亚洲奇观"的浮石湾，浮石湾最特别之处在于，这里有大大小小形状各异的石头，却没有一粒沙；这里还有万山群岛历史最悠久、规模最大、延续了100多年的、具有浓烈海岛特色的妈祖祭典；有全国唯一的保留完好的海岛第四纪冰川刻痕；还有原汁原味、绝无污染的海鲜。万山岛特有的赤米虾，个头小，肉质鲜美，可以直接生吃。

深圳地王大厦

万山岛

Part34
第三十四章

东方之珠——香港特别行政区

　　购物与美食、游乐场与自由港，潮流和传统交融在这里，它是东西方文化碰撞出的小世界。你猜对了吗？它就是有"东方之珠"美誉的香港。香港的得名与香料有关，因转运产在广东东莞的香料而出名，故被人们称为"香港"。也许你爱上别的城市需要时间的堆积，但是爱上香港却只需要一瞬间。

地形特征

DIXING TEZHENG

香港地形主要为丘陵，最高点为海拔约957米的大帽山。香港的平地较少，约有两成土地属于低地，主要集中在新界北部，分别为元朗平原和粉岭低地，都是自然形成的河流冲积平原；其次是位于九龙半岛及香港岛北部，从原来狭窄的平地向外扩张的填海土地。

香港岛

　　香港岛是香港最重要的海岛，是香港第二大岛屿。香港岛的著名景点是铜锣湾，另外香港海洋公园、维多利亚公园也在这里。

　　每逢春节、中秋节、圣诞节及元旦等重要节日，都会有成千上万的市民聚集到维多利亚公园举行庆祝活动。铜锣湾作为香港最繁忙的购物和饮食地区，以及不夜市区之一，入夜后，避风塘格外热闹，只见船上灯火通明，穿唐装衫裤的艇妹摇橹，接送游客往来于海鲜艇、酒吧艇及歌艇之间。游客在艇上品尝海鲜的同时，也可一边观赏海港夜景，一边领略舢板风光。

香港大澳

　　到这里走一走、看一看，一定会让你不虚此行！

香港夜景

气候和资源

QIHOU HE ZIYUAN

香港属于亚热带季风气候。每年3月至5月为春季，气候温和、潮湿。6月至8月为夏季，气候炎热，潮湿。9至11月为秋季，大致凉爽，阳光充沛。12月至次年2月为冬季，清凉干燥，高地偶有霜降，不会降雪。年均气温22℃，不是很热吧？

香港面向南中国海，邻近大陆架，洋面广阔，岛屿众多。香港地理环境优越，渔业发达，有超过150种具有商业价值的海鱼，主要是红衫、九棍、大眼鱼、黄花鱼、黄肚和鱿鱼。香港已探明的矿藏有少量铁、铝、锌、钨、绿柱石、石墨等。

天下第一湾

浅水湾号称"天下第一湾"，是香港最具代表性的海湾。这儿坡缓滩长，波平浪静，冬暖夏凉。一到夏天，沙滩上人山人海，简直是一个色彩斑斓的世界。即使是冬天，人们也忍不住穿着泳衣来沙滩玩耍。

休闲天地

XIUXIAN TIANDI

尖沙咀星光女神像

购物天堂

香港，被人们称为"购物天堂"，这里的物品不论是种类、质量、价格还是服务，都是世界知名的。这里汇聚了众多国际化妆品品牌；还是时尚衣饰配件的潮流集中地，有上百家衣饰皮具专门店，至于名牌手袋、时尚男女服装店更是比比皆是，令人目不暇接；这里的电器商店信誉也非常可靠，完全可以放心购买。

这里的玩具"反"斗城（Toys"R"Us）是亚洲最大型的玩具商店，里面玩具种类繁多，其中卡通人物公仔及模型汽车玩具都是热卖商品。

去中环扫货

中环是香港的政经中心及高级购物商业区。在中环有数不尽的金融中心、各种各

样的餐饮食品和品牌时装专卖店，是游客和香港当地人最喜欢的购物场所。此外中环有很多的新旧建筑，属于香港标志性建筑。

旅游画廊
▶▶ LUYOU HUALANG

香港迪士尼乐园内景

去迪士尼疯玩

香港迪士尼乐园位于香港大屿山，包括有美国小镇大街、探险世界、幻想世界、明日世界、玩具总动员大本营、灰熊山谷及迷离庄园7个主题区，其中灰熊山谷和迷离庄园为全球独有。园区内设有主题游乐设施、娱乐表演、互动体验、餐饮服务、商品店铺及小食亭。此外，乐园每天都呈献巡游表演节目及烟花会演。

漫步星光大道

星光大道是香港尖沙咀海岸的一段海滨长廊，位于梳士巴利花园南端至新世界中心之间。香港星光大道整体仿照好莱坞星光大道建设而成，是为了表彰香港电影界的杰出人士而修建的。星光大道地面装嵌了73名电影名人的牌匾，其中30多块有名人的大手印。大道入口处亦设有金像奖铜像及一个供表演活动的小舞台。在星光大道漫步，游客可以从容地欣赏香港著名的维多利亚港景色、香港岛沿岸特色建筑物以及香港崭新的多媒体灯光音乐会演。

俯览维多利亚港

位于香港岛太平山与歌赋山之间的炉峰峡上的凌霄阁是香港一个极富特色的休闲娱乐好去处。在这座由英国设计师设计的碗形建筑内，顶层是海拔428米高的"凌霄阁摩天台"，是香港观赏维多利亚港的最佳位置。您可以在这里鸟瞰整个维港的日与夜。

探秘海洋公园

香港海洋公园位于香港岛南区黄竹坑，是一座集海陆动物、机动游戏和大型表演于一身的世界级主题公园，为全球最受欢迎、入场人次最高的主题公园之一。公园依山而建，分为"高峰乐园"及"海滨乐园"两大主要景区，以登山缆车和海洋列车连接。这里拥有东南亚最大的海洋水族馆及主题游乐园，还有趣味十足的露天游乐场和高耸入云的海洋摩天塔，更有惊险刺激的越矿飞车、极速之旅，科普、观光、娱乐完美组合，一定让你不虚此行。

海上花园——澳门特别行政区

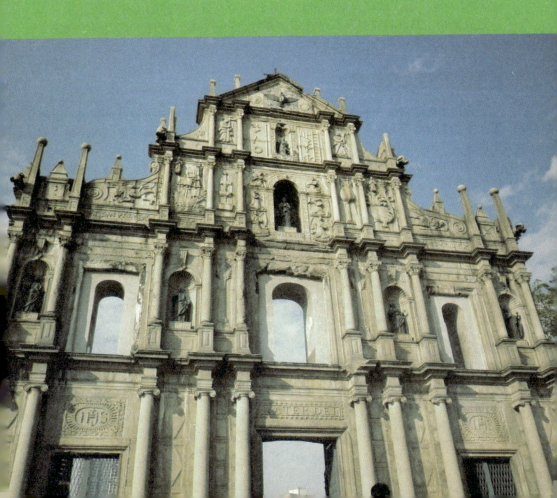

澳门与香港、广东鼎足分立于珠江三角洲的外缘。东与香港相望，西与湾仔镇一衣带水，北与珠海经济特区的拱北相连。如此优越的地理位置，对它本身及其邻近地区的经济发展都起着重要的作用。澳门的人口呈过密状态，虽然资源匮乏，但文化的交融和共存使澳门成为一个独特的旅游城市。走在澳门街上，你既能欣赏古色古香的传统庙宇，又可以瞻仰庄严肃穆的天主教堂，还有众多的历史文化遗产和优美的海滨胜景，足够让你爱上这座"海上花园"。

地形特征

▶▶ DIXING TEZHENG

澳门地区由澳门半岛和凼仔、路环两个离岛组成，地势不高，但丘陵、台地广布。路环岛地势最高，是一个由花岗岩组成的山体。要是你来这儿爬山，简直轻而易举！站在山顶观海也别有趣味，既能一览大海广阔之全景，又能倾听大海惊涛之怒吼。

"弹丸之地"不平凡

澳门半岛原来是一个独立的海岛，后来因为西江上游带来的泥沙冲积成一道沙堤，使这个小岛与大陆连接起来，成为一个"半岛"。澳门半岛是澳门居民的主要聚居地。

澳门半岛是个"弹丸之地"，却是澳门的主要组成部分与行政中心。如果从凼仔岛远眺澳门半岛，它的左右各有一座山，远远望去就像两扇开启的"门"，很奇特吧！

西望洋山

气候和资源

▶▶ QIHOU HE ZIYUAN

澳门纬度较低，属热带季风气候，光热充足，温暖湿润，夏长冬短，雨量充沛，台风、暴雨多。7月份是其最热的月份，年最高温度为38.9℃，但是谁能想到它的最低气温居然是−1.8℃呢！

澳门特别行政区土地资源不足，为了增加陆地面积，从20世纪60年代到现在，澳门共进行了4次填海造地工程，其中澳门新城区、澳门旅游塔一带、氹仔的马场和澳门国际机场地区，都是通过在氹仔削山填海而来。现在填海造地工程还在继续。

削山填海而来的路氹城

澳门虽然地域小，淡水资源匮乏，但是动植物资源很有特色，榕树、桉树等就是典型的热带植物，这里还有不少药用植物。澳门的蝴蝶品种也不少，有近百种。这里的浅海渔业资源更是丰富，有150种以上有商业价值的海水鱼虾、海贝。

黑沙海滩海滨浴场

你见过黑色的沙滩吗？位于澳门路环岛南面的黑沙湾滨海浴场，就是一个著名的黑沙滩。沙滩上的海沙细腻光滑，踩在上面，可舒服了！秋季是去黑沙海滩旅游的最佳季节。

据说，黑色的细沙是由于海洋特定环境形成的黑色次生矿海绿石所致。海绿石受海流影响，被搬运至近岸，再经风浪携带到海滩，使原来洁白明净的白沙滩，变成了迷人神秘的黑沙滩。

澳门唯一的矿产

澳门不但土地资源稀缺，矿产资源也非常稀缺，整个行政区除了花岗岩石料以外，没有发现其他矿产资源。

澳门著名的建筑妈祖阁，整体建筑主要就是由花岗石及砖头砌筑而成，其中花岗石作主导。去澳门的时候注意看看哦，妈祖阁入口大门就是一个牌楼式的花岗石建筑。

143

小城大爱

▶▶ XIAOCHENG DAAI

妈祖像

🔺 火烧不掉的妈阁庙

在澳门有一座传奇的庙宇——妈阁庙，据说它神奇得很。上世纪80年代的一天深夜，庙内主体建筑"正觉禅林"突然起火，整个殿宇被烧塌。奇怪的是，神龛中央的妈祖神像仅被烟火熏黑，即便塌下的横梁掉在神像跟前，神像也丝毫无损。

现在妈阁庙依旧很受大家欢迎，每年农历除夕、三月二十三日妈祖生辰、九月九日重九节，这里更是人山人海，热闹非凡！

🔺 不去大三巴，就不算到过澳门

在澳门，有一个不太出奇却十分著名的地方，那就是大三巴牌坊，它可是最具代表性的"澳门八景"之一，是圣保罗教堂的前壁遗迹。可惜那幢曾经十分辉煌的建筑被一场大火烧毁。大火后，只剩下光秃秃的教堂前壁，活像中国传统的牌坊，所以叫"大三巴牌坊"。

大三巴牌坊虽然是烧毁后的遗迹，不过上面的雕像形态各异、活灵活现，不可错过啊！

🔺 东望洋山

澳门半岛东北部的东望洋山，海拔90多米，在高山家族中，实在是小矮个儿，然而在澳门半岛却是"最高峰"了。山上有一座高十几米的灯塔，叫东望洋山灯塔，它伫立在这儿已超过140年，于1992年被评为"澳门八景"之一。

东望洋山与灯塔台的小教堂

在东望洋山的山顶，还有数座炮台堡垒和防空洞。防空洞由四组隧道组成，是从前的军事禁区。洞内有发电机、休息室及贮油池，还有登上灯塔炮台的升降机等。你要是想领略一下真实的防空洞，可以去看看哟！

旅游画廊

▶▶▶ LUYOU HUALANG

澳门"盛世莲花"雕塑

金莲花广场

　　金莲花广场位于澳门新口岸高美士街、毕仕达大马路和友谊大马路之间。广场中间的"盛世莲花"雕塑的主体部分是由青铜铸造的，由花茎、花瓣和花蕊构成，栩栩如生。这座金莲花雕塑是有特殊寓意的，它是中央政府在 1999 年 12 月澳门回归时送给澳门特别行政区的，祝愿澳门经济永远腾飞。

议事亭前地

　　议事亭前地位居澳门半岛中区，坐落在民政总署总部对面，是澳门四大广场之一。整个广场由碎石子铺成波浪状，南阔北窄，呈狭长的三角形，为热闹的商业及文化活动区。因位处自明朝起中国官员以至葡萄牙人的议事机构——澳门议事会（即今民政总署大楼）前，故而得名。议事亭前地一直是澳门的市中心，许多节日庆祝活动都在此举行。

大炮台

大炮台

　　大炮台位于澳门半岛中央柿山（又名炮台山）之巅，原为圣保罗教堂的祀天祭台，又名圣保罗炮台、中央炮台或大三巴炮台。昔日曾是军事防御设施的重心，现为澳门历史城区的一部分，为澳门的旅游景点之一。大炮台毗邻澳门中区繁荣地段，城市与历史文化遗产近在咫尺，一年一度的音乐盛事"澳门国际音乐节"也多次选择在大炮台举行。